被害者のふりをせずにはいられない人

JN184192

片田珠美

青春新書
INTELLIGENCE

はじめに――まわりにいる〝被害者ぶる人〟たち

いまの社会でもっとも強い人は誰か。

逆説的な表現だが、それは「被害者」である。

「加害者」と「被害者」を比べると、本来は、加害者のほうが力（物理的な力や社会的立場）は強い。だからこそ、被害を与えることができたはずだ。しかし、被害が白日の下にさらされると、力関係は逆転する。

現代社会は、ルールのない弱肉強食の世界ではない。誰かが誰かに被害を与えたら、社会全体で被害者を救済して、加害者に罰や教育を与える、という建前になっている（現実に追いついていないところがあるにしても）。

被害者が被害を受けたことを訴えれば、社会が被害者を支援し、加害者を糾弾《きゅうだん》して、ときには罰を与えることもある。かつてのように、被害者が泣き寝入りする必要はない。立場が弱くて被害を受けやすかった人にとって、現代はとても暮らしやすい時代といえるだろう。

ところが、「被害者の強さ」を悪用する人たちもいる。必ずしも被害者ではないのに、被害を受けたとウソをつき、まわりの人々を味方につけて誰かを攻撃するのだ。

たとえばみなさんのまわりで、次のような話を聞いたことはないだろうか。

▼遅刻を繰り返す女性社員。カバーしなければならない他の社員から苦情がきていたので、まずは上司がやんわりと注意した。ところが、改善の兆しがいっこうに見られない。そこで強めに説教したところ、「パワハラです！」と逆ギレ。上司は人事に呼び出されて、事情を説明するハメに……。

▼仕事でミスを連発する先輩。しかし、上司に報告する際には「○○が取引先を怒らせた」「○○が報告した情報に間違いがあった」と、こちらに責任をなすりつけた。上司は現場に詳しくないため、先輩の報告を鵜呑みにしてこちらが悪者に……。

▼取引先の男性から、食事のお誘いが。丁寧にお断りしたが、ストーカー化して何通もメールが届くように。会社を通して苦情を伝えたら、連絡はこなくなったものの、「自分は

二股をかけられた」「あいつは誰とでも寝る女だ」と根も葉もない噂を流されて、職場にいづらくなってしまった。

▼母親はもともとキャリア志向が強い女性だったが、私を妊娠したことをきっかけに会社を退職して専業主婦に。面倒見のいい母親だったが、私の大手企業への就職が決まると、「お母さんはあなたが生まれたから仕事をあきらめたのよ。それなのにあなたは……」と愚痴るように。母娘関係が悪化して、実家にいづらくなった。

これらのケースに共通しているのは、加害者がみな「**被害者ぶっている**」という点である。

本人は本人なりに何かつらい思いを抱えているのかもしれない。しかし、それは自業自得であり、誰かに陥れられたわけではない。それにもかかわらず、「自分は被害者だ」とアピールすることによって逆に誰かを攻撃する。

こうした〝被害者ぶる人〟に心当たりのある人は多いはずだ。〝被害者ぶる人〟は、必ずしも特別な存在ではない。職場や学校、友達関係や家庭内など、ごく身近なところにごく普通に存在している。

そして、彼ら彼女らによって加害者に仕立てあげられて、肩身の狭い思いをしている人もまた数多くいるのである。

〝被害者ぶる人〟が社会に蔓延《まんえん》

「幸運なことに、自分のまわりにそんな厄介な人はいない」と感じている人もいるだろう。

〝被害者ぶる人〟は、加害者に仕立てあげても反撃をくらわないような相手を選んでターゲットにする。また、まわりに「自分がどれだけ被害を受けたか」をアピールすることにも長《た》けている。

そのため自分が直接被害に遭わなければ、〝被害者ぶる人〟たちがいることに気づかないのも無理はない。

では、身近な人間関係の外——たとえば新聞の三面記事——に目を向けてみたらどうだろうか。

駅員につば吐く　容疑で36歳逮捕　神奈川
10日午前9時55分ごろ、逗子市逗子のＪＲ横須賀線逗子駅に到着した電車内で、酒に酔って寝込んでいた男に男性駅員（48）が「終点ですよ」と声をかけたところ、男は起こされたことに腹を立て、駅のホームで駅員につばを吐きかけ、駅員に取り押さえられて逗子署員に引き渡された。（『産経ニュース』２０１８年１月11日７時１分配信）

駅員への暴行は、完全に逆ギレである。お酒を飲んで寝過ごしたのは、どう考えても容疑者自身に非がある。とはいえ、自業自得ゆえに怒りをどこにもぶつけることができない。そこで「起こされた自分は被害者だ」という立ち位置をつくり、弱い立場に置かれている駅員に怒りをぶつけるわけだ。

標的になるのは駅員だけではない。〝被害者ぶる人〟にとって店員も格好のターゲットになりうる。

コンビニオーナーに頭突き、自分でこぼしたコーヒー代もらえず…容疑で京都の無職男逮捕
自分でこぼしたコーヒーの代金が返金されなかったことに腹を立て、コンビニエンスストアのオーナーに頭突きをしたとして、南署は2日、暴行容疑で京都市南区の無職男（45）を現行犯逮捕した。容疑を認め、「腹が立った。対応が許せなかった」などと供述しているという。（『産経WEST』2017年8月2日19時40分配信）

コーヒーをこぼしたのは本人なのだから、代金が返金されないのはあたりまえだ。しかし、この容疑者は被害を受けたのは自分だと考えて、店員への暴行を正当化しようとした。言語道断である。

キリがないのでまずこの2例にとどめるが、自分は被害者だと主張してサービス業の従業員に詰め寄るクレーマーの例は、ネットを検索するといくらでも出てくる。
広い意味では、子どものことで学校に怒鳴り込む〝モンスターペアレント〟や、私たち

医者に理不尽な要求をする〝モンスターペイシェント〟も、クレーマーの一種だろう。事件化されていないだけで、あたかも自分が被害者であるかのように装う保護者や患者のせいで困った経験のある教師や医師は多い。

このように〝被害者ぶる人〟たちは社会のあちこちに存在している。

もし自分の身近なところに〝被害者ぶる人〟がいなかったとしても、それはたまたま運がよかったからに過ぎない。彼らに目をつけられて、次に本当の被害を被るのは、あなたかもしれない。

暴走する被害者意識

〝被害者ぶる人〟たちのなかには、本当は被害などないのに誰かを攻撃するために意図的に被害者を装うのではなく、本気で自分を被害者だと思い込んでいる人たちもいる。

先に挙げた例では、娘を産んだことで自分の人生がむちゃくちゃになったと思い込んでいる母親がそうだろう。

たしかにこの母親は、育児のために自分の人生を犠牲にしたのかもしれない。実際、子を産んでも働きつづけられる社会が理想であり、母親にその環境を与えなかった社会を恨む気持ちはわからなくもない。

ただ、子を産む選択をしたのは自分である。親が育児のために多少の犠牲を払うことがあったとしても、多くの親はそれを引き受けたうえで子を持つことを選んでいる。そうした親と比べると、この母親は被害者意識が強すぎるように見える。

さらに厄介なことに、この母親は肥大化した被害者意識を娘にぶつけている。仮に被害があったとしても、怒りをぶつけるべき相手は、子育てと仕事の両立を許さなかった社会であるはずだ。社会の代わりに怒りをぶつけられた娘にとっては大迷惑だろう。

このように〝被害者意識が強すぎる人〟も、本書では〝被害者ぶる人〟に含める。

被害者意識の強い人は、本当は被害などないのに被害を受けたと本気で信じていたり、自分が受けた1の被害を10の被害であるかのように錯覚したりする。そしてそれを、他人を攻撃する材料にする。本人に被害者を装う意識はないかもしれないが、まわりから見れば、実際には被害が存在しないとか、たいした被害ではないという場合でも、過剰に騒ぎ立てるのだから、意図的に被害者ぶる人と同じである。

〝被害者ぶる人〟と〝リアル被害者〟を混同するな

ここで強調しておきたいことがある。

〝被害者ぶる人〟と〝本物の被害者〟を混同してはいけないということだ。

今年2月、東日本大震災の原発事故による避難生活を苦に自殺した人の遺族が東京電力に損害賠償請求した訴訟で、自殺と原発事故との因果関係を認める判決が出た。このニュースが出てから、ネットでは「金目当てだ」といった類のバッシングが相次いだ。

被告となった東電側にも主張はあるだろう。また、私は法律の専門家ではないので、この判決が妥当かどうかはわからない。

ただ、自殺した方やその遺族はリアルな被害者であり、少なくとも賠償金目当てという印象はまったく受けなかった。だから、ネットでのバッシングを見て、胸が締めつけられる思いだった。

じつは本書を書くにあたっては、ある葛藤があった。〝被害者ぶる人〟への警戒を促す本を書くと、それが〝本物の被害者〟叩きにつながってしまうのではないかという不安だ。しかし、熟慮した結果、やはり〝被害者ぶる人〟について真正面から書くことに決めた。むしろ〝被害者ぶる人〟の実態を明らかにすることによって、〝本物の被害者〟への不当なバッシングを防げると考えたからだ。

〝本物の被害者〟叩きが起こる背景は2つある。

まず、被害者ぶって人を騙《だま》す人が世の中にはびこっていることが大きい。〝被害者ぶる人〟に迷惑をかけられるケースが頻発しているため、〝本物の被害者〟が「あいつも被害者ぶっているだけではないか」と疑われてしまうわけだ。

これを防ぐには、〝被害者ぶる人〟による被害を減らすのが得策だ。そのためには〝被害者ぶる人〟について、逃げずにきちんと書く必要がある。

もう1つの背景として、〝本物の被害者〟をバッシングする人もまた被害者意識に蝕《むしば》まれていることを指摘しておきたい。

詳しくは後で解説するが、人は被害者意識が強くなると、防衛機制が働いて、しばしば他人を激しくバッシングすることで心の平穏を保とうとする。この構図を知っていれば、バッシングしがちな人も自制が利きやすくなる。構図を理解してもらうには、〝被害者ぶる人〟の心理を解説することが、やはり欠かせない。

〝被害者ぶる人〟を取り上げれば、〝本物の被害者〟への不当なバッシングを助長するリスクがあるかもしれない。しかし、本書では〝被害者ぶる人〟の特徴や精神構造を綿密に分析しているので、お読みくだされば、〝本物の被害者〟と〝被害者ぶる人〟とを見分けられるようになるはずだ。

本書の根底にそうした狙いがあることを、ぜひ最初に言っておきたい。

〝被害者ぶる人〟たちにどう対処するか

「被害者ならば何をしても許される」

「被害者ならば金銭的に補償されるべきだ」

そのように考えて被害者のポジションをとりたがる人たちが、いま社会に蔓延《まんえん》している。

彼らのターゲットにされると、もともと悪いのは彼らなのに、いつのまにか立場が入れ替わってこちらが悪者になる。その結果、心を病んだり、何らかの不利益を被ったりするケースが後を絶たない。

残念ながら、一度モンスター化したら、二度と元に戻らない場合が多い。それがメンタルヘルスの現場でさまざまな症例を見てきた正直な実感だ。

相手が変わらないのだとしたら、自分が〝被害者ぶる人〟に備えなくてはいけない。

本書では、**〝被害者ぶる人〟たちが目立つようになった背景や彼らが被害者のように振る舞う心理**を読み解くとともに、**〝被害者ぶる人〟たちから身を守る方法**を提示していく。

〝被害者ぶる人〟たちに目をつけられると本当に厄介だ。とはいえ、巻き込まれないようにしたり、巻き込まれてもダメージを最小限にとどめたりするテクニックはある。それを身につければ、必ずしも〝被害者ぶる人〟たちを恐れる必要はない。

加えて、**自分が〝被害者ぶる人〟にならないための技術**についても解説している。〝被害者ぶる人〟が社会に蔓延しているということは、自分もちょっとしたきっかけで被害者意識を膨らませかねないということだ。

認めたくないかもしれないが、誰にでも被害者ぶりたい心理はある。私たちは普段それをうまく抑え込んでいるが、暴走する危険はゼロではない。自分がモンスターにならないように、自分をコントロールする技術をしっかりと身につける必要があるだろう。

〝被害者ぶる人〟たちは現代の病理であり、誰であっても無縁ではいられない。〝被害者ぶる人〟たちと、そして自らの内にある被害者ぶる心理と、どのように向きあうか。本書がそのヒントになれば幸いである。

被害者のふりをせずにはいられない人――もくじ

第1章 〝被害者ぶる人〟が社会を壊していく

第2章 なぜ〝被害者ぶる人〟が増えているのか

第3章 被害者意識が人一倍強いのは、こんな人！

第4章 こうして被害者意識は強くなっていく

第5章 〝被害者ぶる人〟から身を守れ

第6章 自分のなかの「被害者感情」をコントロールする方法

第7章

他人を裁きたがる人たち

編集協力／村上敬
本文デザイン・DTP／センターメディア

第1章

〝被害者ぶる人〟が社会を壊していく

職場を混乱させる社員たち

〝被害者ぶる人〟は、じつに迷惑な存在だ。被害を主張して周囲に混乱をもたらす。ときには関係者同士を対立させて人間関係を壊すこともある。もし彼らから自分がターゲットにされたら、さらに悲惨だ。うまく対処しなければ、自分が悪者になって場から排除されたり、ストレスで心を病んだりしてしまう。

では、実際にどのような被害があるのか。まず職場での実例から見ていこう。

ある会社に、女性の新入社員が入ってきた。ミスが多かったが、誰でも最初はそういうもの。上司は我慢して指導していた。彼女にはもう1つ、指導しなければいけないことがあった。遅刻癖だ。正当な理由のない遅刻は、社会人として失格。仕事のミスは仕方がないとしても、遅刻癖は直してもらわないと他の社員にも示しがつかない。そこで上司は女性社員を呼び出して口頭で注意をした。

このレベルの問題社員は、あちこちの会社にいるだろう。しかし、その女性社員は突き抜けていた。上司が注意したところ、その場でワッと泣き出して、「ひどい。そんな言い方をするなんて、パワハラです！」と反撃に出たのだ。

こちらとしては指導するつもりだったのに、逆に非をなじられた上司はしどろもどろに。それ以上、何も言えなくなってしまった。

彼女の反撃は、その場に留《とど》まらなかった。上司の上司にパワハラ被害を相談したのだ。その結果、上司は人事部から呼び出されて、事情説明をするハメになった。

幸い、この女性社員が遅刻の常習犯であることは人事もわかっていたし、指導がパワハラ的なものでなかったことは他の部下の証言からも判明したため、具体的なおとがめはなかった。ただ、新入社員をうまく育てられなかったことは事実であり、マネジャーとしてはマイナス材料。人事面で将来、影響が出ないとは言い切れない。

逆に、上司の被害者意識が強くて、部下がまいってしまうケースもある。

とある会社に新卒で入った男性は、有名大学の出身だった。この男性が高学歴であることから、上司は「大物君」とあだ名をつけた。しかし、それがあてこすりであることは明らかだった。事あるごとに、「学歴はすごいかもしれないが、経験がない」「大学で習った経営理論など役に立たない」と男性を罵倒《ばとう》したからだ。

繰り返し罵倒されると、たいていの人は自信を失う。男性も自分が能力不足なのではないか、大学で学んだことは無駄だったのではないかと思い悩むようになった。

ただ、やがて上司の罵倒にはパターンがあることに気がついた。上司が男性を含めた部下たちに罵声《ばせい》を浴びせるのは、上司自身がヘマをしたときばかりだった。部下の非をあげつらうのは、自分のミスをごまかすためだったのだ。

その疑惑は、ある出来事で確信に変わった。男性が会社の入っているビルを出たところ、地下駐車場から出てきた車に危うく轢《ひ》かれそうになった。車を運転していたのは、例の上司だ。どう考えても非があるのは、歩行者に注意を払わなかった上司のほう。ところが上司は車から身を乗り出して、「馬鹿野郎、どこ見て歩いてるんだ。危ないじゃないか」と怒鳴りつけた。

「上司は自分を被害者にすることで責任逃れをしようとしている。かわいそうな人だ」

そう確信できたことで、以降は上司に罵倒されてもスルーできるようになった。この男性は上司の本性を見抜く洞察力と罵倒をスルーできる精神力があったからよかったが、そうでなければ上司に潰されていたかもしれない。

罪悪感を抱かせる言い回し

この男性の上司がまさしくそうだが、〝被害者ぶる人〟は、ターゲットに罪悪感を抱かせるテクニックに長《た》けている。相手にとくに非がなくても、トラブルの原因はそちらにあると言わんばかりの巧みな物言いで、ターゲットに責任をなすりつける。

よく使われるフレーズをいくつか挙げてみよう。自分がミスをしたときの責任転嫁では、こんな言い回しが多い。

「あなたが気をつけていれば、こんなことにはならなかった」

「ビジネスは結果がすべて。ノルマを達成できなかったのは、まわりの環境のせいではなく、きみ自身の責任だ。その結果、尻拭《しりぬぐ》いをしなければいけなくなったこちらの立場を考えろ」

このように相手の不注意や能力不足によって自分が苦労しているという言い回しで責めるのだ。

そんなのは言いがかりだと反論すると、畳みかけるようにこう言うだろう。

「あなたのためを思ってアドバイスしているのに、なぜ理解しようとしないのか」

「上司の忠告に耳を貸せないようでは成長しないぞ」

これは論点のすり替えである。もともとはうまくいかなかった原因について論じていたはずなのに、アドバイスに耳を傾けるべきかどうかという話にすり替わっている。一般論としてアドバイスは聞くべきなので、言われたほうは「やはり自分が悪いのか」と思い込んでしまう。

〝被害者ぶる人〟は、このように善や正義を一般論として振りかざし、相手に罪悪感を植えつけようとする。社会的に善いもの、正義とされているものに対して、反論するのは難しい。それを利用して、相手を自分のペースに巻き込もうとするわけである。

もう1つ、例を紹介しよう。ある会社は、支店や営業マン同士で営業成績を競わせている。自分の支店の成績がふるわない店長は、成績が伸びないある営業マンに目をつけて「あいつがみんなの足を引っ張っている」とやり玉に挙げた。この営業マンがクタクタになって支店に帰ってくると、店長はさっそくみんなの前で罵倒を始めた。そして他の社員が帰った後も終電まで説教が続いた。

たしかに営業マンの能力にも問題はあったのかもしれない。しかし、話を聞いてみると、根本的な原因は店長のマネジメントにあった。

その会社はルート営業が中心で、誰にどのルートを担当させるかで営業マン個人の成績がガラッと変わってしまう。店長にやり玉に挙げられた営業マンが割り当てられたのは、支店から遠くて移動時間が長いうえに、人口も潜在顧客も比較的少ない地域。他の営業マンと比べれば不利なので、本来ならハンデが軽くなるように店長が調整をすべきだった。

ところが、「結果がすべて」と言って、店長は自分のマネジメントの失敗を認めない。それどころか、「俺はおまえのためを思って、毎晩遅くまで指導につきあっている。それなのに適当に聞き流そうとしている。そんなことだからおまえは出世しないのだ」と恩着せがましく説教を続けた。

一般論として、上司が骨身を惜しんで部下の指導をするのは善だ。その点については反論しづらいため、営業マンは「自分のためにわざわざすいません」と答えざるを得ない。そしてそう答えているうちに、罪悪感がじわじわと根を張るのである。

説教された営業マンは店長の論点ずらしに応じるべきではなかった。本来は支店や個人の成績が上がらない原因は何かについて話しあうべきであり、アドバイスを聞くことがいいか悪いかという問題は本来の論点から外《はず》れている。そこに気づかないと、善や正義を持ち出す〝被害者ぶる人〟にいいようにやりこめられてしまう。

リストラ部屋で起きた悲劇

〝被害者ぶる人〟が、本当に被害を受けているケースもある。ただし、実際に害を及ぼした加害者に対して被害の主張をするのではない。まったく関係のない第三者に対して、自分の受けた被害の憂さ晴らしをするかのように、被害者ぶって攻撃するのである。

具体例を1つ挙げよう。某有名百貨店に勤務していた女性社員がいた。ネットショップ隆盛の昨今、百貨店業界には斜陽の波が押し寄せており、女性が勤めていた百貨店でもリストラが進められていた。表向きは希望退職制度だが、実質的には肩たたきである。給料が高いベテランや能力不足の社員を中心に肩たたきが行われ、割増退職金を手に多くの社員が去っていった。

ある日、事務を担当していた女性社員も肩たたきの対象になった。しかし、40代独身で生活に不安のあった女性は、断固として退職勧奨を拒否した。すると、上司からの執拗《しつよう》な嫌がらせが始まった。

その女性に郵便物が届くと、上司は丁寧に手渡ししたり机の上に置いたりするのではなく、投げて渡した。コピーを取りに行くときにすれ違うと「邪魔だ」と罵《ののし》られた。それでも耐えていたら、しまいには後ろを通るたびに「死ねばいいのに」と暴言を浴びせられるようになった。

女性はとうとう心を病んで、しばらく休職した。休んだことによって心の状態はよくなったが、復帰したら状況はさらに悪化していた。何も仕事を与えられず、飼い殺しにされるだけの部署、いわゆるリストラ部屋に異動になったのだ。

リストラ部屋には、同じ境遇の社員が集められていた。一人ひとりがリストラ策の被害者だ。そこでみんなが一致団結して会社に対して何かアクションを起こせば、その行動は被害者として正当なものだっただろう。ところが、リストラ部屋にいた人たちはお互いを攻撃し始めた。それぞれが被害者ではあるのだが、リストラと関係ないことで被害者面《づら》をして、足を引っ張りあうようになってしまった。

これは怒りの「置き換え」が引き起こした悲劇である。

本来、何か怒りや不安を感じたら、その原因になった人やモノに向かって感情をぶつけるのが筋である。しかし、それができない状況だったり、直接反撃するのが怖かったりすると、代わりに他のものに感情をぶつけて、それによって心のバランスを取ろうとする。

この心理メカニズムは精神分析で「置き換え」と呼ばれており、自分の心を守るために働く「防衛機制」の1つに数えられている。

置き換えで他人を攻撃した本人は心が落ち着くかもしれない。しかし、八つ当たりされたほうはたまったものではない。その女性が在籍したリストラ部屋では、みんながリストラ候補になったことによる怒りや不安を抱えており、置き換えによってお互いに攻撃しあうようになったわけで、まさに地獄の様相だ。

リストラ部屋の事例ほど悲惨ではないが、怒りの置き換えでトバッチリを食らうケースは珍しくない。たとえば先ほど紹介した、自分がヘマをしたときほど部下の非をあげつらう上司も、さらに上の上司にいびられて、降格への不安を抱えていたのかもしれない。その怒りや不安を部下たちにぶつけていた可能性もある。

家庭では、夫も妻も被害者に

次に、家庭の事例を見てみよう。

夫婦は、被害者意識が芽生えやすい関係といえる。ある女性は結婚して男の子を産み、それを機に専業主婦になった。女性は教育熱心で、我が子を有名な進学校に入学させようとした。しかし、息子は勉強そっちのけで、学校から帰るとテレビゲームに熱中。結局、中学受験に失敗して、息子はそのまま地元の公立中学、公立高校に通うことになった。公立の学校は私立ほど受験対策に力を入れるわけではない。大学受験にも失敗して、すべりどめの大学にしか合格できなかった。

女性は、原因を夫に求めた。夫は普通の会社員で、収入も安定していた。しかし、「あなたがもっと出世して稼いでいれば、子どもをいい塾に行かせることができた」「私が頑張って育ててきたのに、あなたのせいでムダになってしまった」と言って夫をなじったのだ。

大学受験に失敗したくらいで「育児がムダだった」と言うのは、息子があまりにかわいそうである。子どもはべつにいい大学に入るために生きているわけではないのだから。

しかし、専業主婦だったその女性にとっては子どもの成長がすべてだった。息子のつまずきは自分のつまずき。女性は息子の大学受験失敗で、自分の人生が否定されたように感じて、被害者意識を募らせたのである。

夫への非難はお門違いだ。親の収入と子どもの学力には相関があることが知られているが、夫の収入は平均的であり、とくにハンデになるほどではなかった。そもそも子どもがゲームばかりして家庭学習の習慣を身につけられなかったのは、専業主婦でずっと家にいた妻にも問題がある。それを棚に上げてなじられては、夫も腹に据えかねるだろう。

一方で、夫が被害者意識をこじらせて妻を困らせるケースもある。

最近よく耳にするのは「家庭内管理職」と化した夫への苦情だ。年功序列型の日本企業に勤める男性は定年時、たいてい何らかの管理職に就いていて、部下をアゴでこき使っている。退職すれば管理職ではなくなるが、自分の一存で他人を動かせる快感を忘れられない人も少なくない。だから、定年後、家庭でもその快感を味わうために妻や子どもに対して管理職のように振る舞い、家事の内容に口出しを始める。

ある男性は現役時代、家事に非協力的だった。「家のことはすべておまえに任せる」と言って、育児も含めてすべて妻に丸投げしていた。にもかかわらず、定年退職した途端に、「お風呂が汚れている」「ゴミの分別がきちんとできていないじゃないか」「健康を考えて今日の夕食は野菜中心にしろ」などと家事に介入し始めた。これならば放っておいてくれたほうがずっとよかった、というのが妻の本音だ。

じつはこの男性の行動も、被害者意識から派生した可能性が高い。男性は「自分は家族を養うために身を粉にして働いてきた」と思っているのだろう。もちろん、家族を支えた自負を持つことは誤りではない。しかし男性には、妻がやってきた家事も立派な労働であるという認識がすっぽり抜け落ちているようだ。家族の犠牲になったのは自分だけであり、妻は苦労するどころか遊んで暮らしてきたとさえ考えているのかもしれない。

「現役時代は自分が犠牲になったのだから、定年後は借りを返してもらっていい」

そうした被害者意識によって、男性は横暴な家庭内管理職へと化したように見える。

いま2つの例を挙げたが、それぞれの例について「悪いのは夫のほうではないか」とか、逆に「いや、非は妻にある」とか、私とは異なる見解を述べる方もいるだろう。

人によって見方が異なるのは、ある意味で当然のことだ。一般的に夫婦関係は双方の協力がないと成り立たない。言い方を変えれば、どちらも自分の何かを犠牲にすることで関係を継続させている。もちろん関係を続けることで得られるメリットはお互いに大きいが、犠牲にしたマイナス面に目を向ければ、どちらも被害者面できる。夫婦関係は〝どっちもどっち〟であるがゆえに、立場が変われば見方も変わってしまう。

実際、お互いに被害者意識を抱きながら攻撃しあっている夫婦は多い。それぞれに言い分があり、納得できる部分があるだけに、夫婦関係というものは厄介だ。

離婚裁判は、言ったもの勝ち

夫婦間の被害者ぶり合戦のなかでもっとも熾烈《しれつ》なのは、離婚協議や調停、裁判だろう。普通の夫婦喧嘩は夫婦関係を続けることを前提としているため、どこかでブレーキがかかる。しかし、離婚が前提となると話は別だ。むしろこれまで溜め込んでいたものをすべてぶちまけようとする。後先考えなくていいなら、遠慮は必要ない。

離婚裁判で被害者ぶることに拍車がかかる理由が、もう1つある。被害が認められれば、慰謝料などの金銭や子どもの親権を得やすいからだ。

ある会社に勤める男性の話だ。同じ会社に勤める女性と結婚して、一児が生まれた。しかし、しだいに関係が冷え込み、喧嘩が絶えなくなった。離婚も秒読み。そんな雲行きになってきたある日、男性が帰宅すると、妻と子どもが消えていた。服などの身の回りのものはもちろん、簡単に持ち運べない子どものおもちゃまで消えていたので、計画的な蒸発だ。

途方に暮れる夫のもとに、妻方の弁護士から連絡が届いた。離婚の申し入れである。関係修復がすでに不可能なことはわかっているので、離婚することに異論はない。問題は、その条件。妻は子どもの親権を要求し、「DV（ドメスティック・バイオレンス）があった」として慰謝料まで請求した。

たしかに口論の最中に、キツい言葉を投げかけたことがないわけではない。しかし、手をあげたことは一度もないし、口論の際の悪口はお互いさまである。にもかかわらず、日常的に暴力をふるわれて、親としても問題があるという主張だった。

「まったくの濡れ衣だ！」

憤った夫は妻側の申し入れを突っぱねた。そして離婚協議から調停に移行した。しかし、お互いの主張は平行線。夫いわく、調停委員は母親に甘くて、証拠は妻自身の証言しかないのに、DVがあったという主張を鵜呑みにしているという。結局、調停でも決着はつかず、現在は裁判が進行中だそうだ。

私は男性側からこの話を聞いただけなので、妻がDVをねつ造したのかどうか、本当のところはわからない。ただ、離婚の話し合いを有利に進めるために、過去に夫が行ったD

V的な言動を〝盛る〟ケースは多いと聞く。法的にそれが許されるのかどうかは別として、「DVのねつ造や強調は、離婚バトルで妻側の常套《じょうとう》手段になっている」と話す弁護士もいる。

もっとも、男性側も被害者ぶることでは負けていなかった。ねつ造も辞さない妻の戦略に腹を据えかねて、調停で次のように主張したそうだ。

「口論のときの私の悪口がDVになるなら、妻も子どもをしつけるときに同じように怒鳴ったではないか。いや、思わずピシャリと手が出たこともあった。あれは幼児虐待。そんな母親に子どもを任せるわけにはいかない！」

男性が直接被害を受けたわけではないが、子どもを被害者にすることで妻側に対抗したのである。

このケースに限らず、離婚協議は「我こそ被害者である」という主張が飛び交う戦場だ。たとえば浮気したのは自分なのに、「夫が家庭を顧みず、生活費もわずかしか入れなかった」「妻が性生活を拒否した」と、相手に責任を転嫁する主張を繰り広げて、少しでも有利な条件を引き出そうとする。

身勝手な主張をする人たちも、もともとは普通に暮らしていたはずだ。しかし、子どもの親権など重大なものを争う極限の状況になると、後先を考えていられないので、普通の人も被害者ぶる人へと変貌してしまう。それほどまでに離婚は人を追い込むのだろう。

「毒親のせいで」は本当か

家庭内では、夫婦関係だけでなく、親子関係でも被害者意識が芽生えやすい。母親が育児のために退職を余儀なくされて被害者意識を膨らませたケースを先ほど紹介したが、私の臨床経験から申し上げると、むしろ被害者意識を抱きやすいのは子どものほうだ。「自分は〝毒親〟に育てられたせいでメンタルを病んだ」と考える人が少なくない。

〝毒親〟は、精神医学の正式な用語ではない。しかし、アメリカのセラピスト、スーザン・フォワードの著書『毒になる親』が日本で1999年に出版されてから、一般的に使われ始めた。そして、いまではインターネット上で広く見かけるようになった。

簡単に言うと、〝毒親〟とは子どもにトラウマを与える親を指す。身体的・精神的な虐待やネグレクト（育児放棄）をする。あるいは逆に過保護・過干渉で育てることによって、まるで毒を盛るかのように子どもの心をゆがめてしまう。

臨床の現場でも、「自分がいま心の問題を抱えているのは、〝毒親〟のせいだ」と訴える患者は多い。話を聞いてみると、たしかに親に何らかの問題があり、その影響を受けているケースはある。

しかし一方では、ごく普通に育てられているのに、いま自分が社会に適応できないのを親子関係のせいにしているケースも見受けられる。

たとえば、いま引きこもり状態の20代の男性は、「自分が家から出られなくなったのは教育熱心な親のせい」と考えている。

親は子どもの将来を考え、私立の中高一貫校を受験させることにした。当時小学生だった男性は、机の前で勉強するよりサッカー部で走り回るほうが好きなタイプだったが、塾通いのためにサッカー部を辞めざるを得なくなった。塾から帰宅後も「勉強しろ」と言われて、好きなテレビ番組もろくに見られなかった。

男性が文句を言うと、親は「中学生になるまでの我慢。合格したら好きなだけ遊べる」と言ってなだめすかした。男性はしぶしぶ勉強して、見事、有数の進学校に合格した。

しかし、中学校に入っても事態は変わらなかった。学校のレベルについていくために勉強の日々。それでも成績は思うように伸びず、大学受験では、親や本人が目標にしていた東大に合格できなかった。

　家に引きこもって親に暴力をふるうようになったのは、大学生になってからだ。男性は東大にこそ合格できなかったものの、私立の一流大学に合格している。しかし、子どものころ犠牲にしてきたものと比べると、私立の一流大学のブランドでも釣り合いがとれないらしい。

　たしかに遊び盛りの小学生にとって塾通いの毎日は酷だっただろう。「いい大学に行きなさい」という親からのプレッシャーも相当あったはずで、同情できる部分はある。

ただ、だからといってそれが引きこもりの理由になるだろうか。男性がすべりどめで合格した大学は、世間では十分に自慢になるレベルだ。就職でも引く手あまたで、将来が閉ざされたわけではない。にもかかわらず、「親に人生を台無しにされた」と恨むのは、さすがに行き過ぎだろう。

　男性が引きこもりになった直接的な原因は、他にある可能性が高い。しかし、本人はその原因を直視したくないようで、現実から目をそらすために親を加害者に仕立てあげている節がある。このように「自分は〝毒親〟の被害者」と思い込んで根本的な問題にフタをする人は少なくない。

親のせいにして、自分のなかで折り合いをつけるだけなら、まだ害が少ない。しかし、被害者意識が暴走して親に手をあげるとか、大人になってもニートのまま親に寄生するという事態になったら悲惨である。親子関係においても、強すぎる被害者意識は危険ということを忘れてはならない。

古今東西、争いは被害者ぶることから始まった

人間関係から少し話が逸れるかもしれないが、被害者ぶることの危険性を理解するには、国家間の戦争について考えてみるとわかりやすい。なぜなら、一部の戦争はどちらかが被害者ぶることによって始まるからだ。

日本が当事者だった戦争では、満州事変がそうだった。きっかけとなった柳条湖事件では、日本が所有していた南満州鉄道の線路の一部が爆破された。中国に駐留していた関東軍は、爆破は中国軍によるものと発表した。これを受けて関東軍は中国軍と交戦に入る。満州事変の勃発だ。

しかし、その後の研究で、柳条湖事件は関東軍が引き起こした自作自演であることがわ

かっている。まさに被害者を演じて中国軍攻撃の口実にしたのである。

被害者ぶるのは、日本の専売特許ではない。

たとえばアメリカがベトナム戦争に深く介入するきっかけになったトンキン湾事件では、北ベトナム軍の魚雷艇《ぎょらいてい》がアメリカ海軍の駆逐艦《くちくかん》に向けて魚雷を発射したといわれる。しかし、のちにこの事件の一部はアメリカ側のねつ造であることがわかった。洋の東西を問わず、戦争では被害者ぶることによって相手への攻撃を正当化するのが常である。

時代も関係ない。江戸幕府を開いた後、豊臣家を滅ぼして後世への憂いをなくしたかった徳川家康は一計を案じる。豊臣秀頼が方広寺大仏殿を再建したとき、鋳造《ちゅうぞう》した鐘の銘文にいちゃもんをつけたのだ。

銘文のなかには「国家安康」の字句があったが、これは家康の名を分割して呪詛《じゅそ》を込めたものだと批判。また、「君臣豊楽」の字句は豊臣家の繁栄を祈願しているとした。この難癖によって家康と豊臣方の関係はさらに悪化。大坂冬の陣、そして夏の陣へと発展して、豊臣家はとうとう滅ぼされてしまう。

家康は当時の事実上の最高権力者で、面と向かって逆らう者など誰もいない。しかし、豊臣秀吉恩顧の大名もまだ数多く残るなかで大坂城を攻めるには、さすがに大義が必要だった。そこで、我こそが被害者だと主張したわけだ。

このように被害者ぶることで争いを始める例は、歴史上、枚挙にいとまがない。悲しいことだが、被害者であることを口実に逆に相手を攻撃するのは人類の性《さが》である。

そして、その性は一人ひとりのなかにも眠っている。国家が戦争を仕掛けるときと同様に、私たちは職場や家庭などいたるところで被害者であることを強調して、お互いを傷つけあう。

半ば宿命のようなものだからこそ、目を背けてはいけない。

自分のなかに、そしてまわりの人のなかにもある被害者意識と、どうやって賢くつきあうのか。そのことが問われているのである。

第2章

なぜ〝被害者ぶる人〟が増えているのか

〝被害者ぶる人〟が増えた背景

被害者ぶって他人を攻撃するのは人間の性であって、それはいまも昔も変わらない。ただ、かつては自分の中の被害者意識をうまくコントロールして、とくに問題なく生活していた人が多かった。

ところが最近は、被害者意識を抑えるどころか肥大化させて、暴走してまわりに迷惑をかける人が増えているように見える。メンタルヘルスの現場で診察していても、日々の報道に接していても、「被害者意識をこじらせたな」という人がとにかく目立つ。

なぜここにきて〝被害者ぶる人〟が目立つようになったのか。

1つには、SNSなどが発達して人々の不満が可視化されやすくなったことがある。昔から「自分は被害者だ」と訴えたい人はいたが、その声を広く届ける手段は限られていた。しかし、いまは誰でも気軽に自分の声を第三者に届けられる。つまりもともと存在していた〝被害者ぶる人〟たちが、IT時代になって顕在化したわけだ。

しかし近年、〝被害者ぶる人〟たちが目立つようになった原因はそれだけではないだろう。

社会全体に被害者意識が強まっていて、コントロールが利かなくなっている印象を受ける。定量的に検証するのは難しいが、世間に漂う被害者ぶるムードを同じように感じ取っている人は多いはずだ。

では、社会全体に被害者意識が強まってきたのはなぜか。

背景には、3つの要因がある。

①格差の拡大
②クレーマーが得をする社会
③自己責任社会

それぞれについて解説していこう。

格差が「自分は割りを食っている」という認識を生む

〝被害者ぶる人〟が目立つようになった一因に「格差の拡大」がある。

格差社会の下層にいる人ほど、「自分は割りを食っている」と思いやすい。自分は上層や中間層と同じように努力してきたが、外部の要因でいま厳しい毎日を送っている。悪いのは自分ではなく、格差を生み出す不公平な社会のほうであり、自分はむしろ被害者だ、という論理だ。

〝一億総中流〟といわれた1980年代まで、日本は中間層が厚い国だった。格差が小さかっただけではない。経済は右肩上がりで、親の世代より自分の世代のほうが豊かな暮らしができた。生活はよくなる一方で、将来に明るい展望を持てた。そのため下層にいる人でも満足度は高かった。

しかし、いまはどうだろうか。まず〝失われた20年〟で、全体的に生活は貧しくなってしまった。バブルのときはお金を湯水のように使っていたのに、いつのまにか牛丼の値段が10円高いか安いかで一喜一憂する時代になった。お金を持っているのは、自分たちよりも親世代。そこに明るい展望はない。

アベノミクスによって日本経済は復活したという声もある。たしかに日経平均株価が2万円台になり、顔をほころばせている人はいるだろう。しかし、喜んでいるのは株高の恩恵を受けられる資産家が中心で、庶民の暮らしが上向いたという実感はない。いまのところアベノミクスは、人々の暮らしを二極化させただけだ。本書で経済政策を論じるつもりはないが、仮にアベノミクスが最善の選択だったとしても、現時点では中間層の復活には至っていないのが現実だ。

たとえ格差があっても、流動的ならばまだいい。いまは生活が苦しくても努力しだいで抜け出せると思えば、不満はそれほど溜まらない。しかし、現実に起きているのは「格差の固定化」である。

経済学者のトマ・ピケティは『21世紀の資本』で、歴史的に資本収益率が経済成長率を上回ってきたことを明らかにした。経済が成長して生み出す富より資本が生み出す富のほうが大きい、つまりただ働いて稼ぐだけでは資産を運用しながら利益を得ているお金持ちに追いつけないことを、彼は示唆したのだ。

中間層が没落して、庶民の暮らしは厳しいままなのに、一部の資産家のもとにはさらにお金が集まっていく。取り残された側が「自分は割りを食っている」と感じるのは致し方ないことだ。

2016年に流行語大賞トップテンに入った「保育園落ちた日本死ね」も、自分だけが割りを食ったという感情から生まれた言葉だろう。

まず、自分は子どもを保育園に預けて働かないと生活していけないのに、一方で、夫が高収入で、専業主婦として家で育児に専念できる人たちもいる。

さらに、自分と同じように子どもを保育園に預けないと生活していけない立場の人のなかにも、保育園に無事に受かった人とそうでない人がいる。

では、落ちた人がみんな同じ苦労を背負うのかというと、それも違う。保育園に落ちたが、近くに親が住んでいるとか、近所の人が一時的に見てくれるという場合、公的扶助以外の何らかの助けを受けられる。こうした環境にいる人は、保育園に落ちても退職せずに済む。あるいは、パートタイマーに転職せざるを得なかったとしても働き続けることができる。保育園に落ちたことで仕事に復帰できないブログ主とは、立場が違う。

単に保育園に落ちただけならば、「死ぬ」というほど強い言葉は出てこなかったはずだ。格差のうえに格差が重なり、自分だけが割りを食ったという感情にとらわれたからこそ、ブログ主は強い被害者感情を抱いたのだろう。

セレブ芸能人が炎上するワケ

自分は割りを食っているという被害者意識が政府に向かうのは、まだ健全である。実際に問題提起をしたことがきっかけで改善されるケースも少なくない。

怖いのは、被害者意識が特定の個人に向けられたときだ。個人は生身の人間であり、バッシングを受けて心を病むこともある。ところが被害者意識をぶつける側は、相手を搾取する側の象徴として記号化している。生身の人間とみなしていないので、相手が傷つこうが、落ち込もうが、お構いなしにバッシングする。

格差に苦しむ人たちの被害者意識は、まず〝持てる者〟へと向けられる。いま自分がつらい思いをしているのは、庶民を搾取している資本家や経営者のせいだというわけだ。

ただ、自分が勤める会社の社長に直接、被害者意識をぶつけることはない。なかには労働組合運動に参加して真正面から戦う人もいるが、たいていは泣き寝入りである。

では、直接ぶつけられない怒りはどこに向かうのか。よくやり玉に挙げられるのは、芸能人などのセレブである。

たとえばタレントの紗栄子氏は、インスタグラマーとして多くの女性から支持を得る一方で、SNS上で何度も炎上している。彼女自身はタレントとして特別な実績を残してきたわけではない。しかし、過去に結婚・交際した男性たちは超VIP級。玉の輿で得たお金でセレブな暮らしをしている彼女の姿にカチンときて、庶民は罵詈雑言《ばりぞうごん》を浴びせる。

炎上を起こした人たちは、紗栄子氏から直接被害を受けたわけではない。そもそも格差社会への怒りをぶつけるべき相手は、給料を上げてくれない経営陣だろう。しかし、それができないので、派手な暮らしをしている芸能人に怒りの矛先を向け変える。一方、芸能人は、人気商売だから炎上しても反論しにくい。そこにつけこんで叩きまくり、溜飲を下げるわけである。

弱者が弱者を叩く

格差に苦しむ人たちのターゲットにされやすい人は他にもいる。公務員だ。

公務員は、資本家や経営者などのように裕福なわけではなく、どちらかといえば庶民と変わらない立場にいる。しかし、生活が安定している点では羨望《せんぼう》の対象になる。

税金から給料が支払われているという点も大きい。セレブ芸能人に対する怒りは「置き換え」によるものだが、公務員に対しては、自分で苦労して稼いだお金が税金として奪われ、そのお金で公務員が安定した生活を送れるという点で、直接的な「加害者―被害者」関係にあると受け止められやすい。

それゆえ、公務員のミスや怠慢については、ゼロトレランス（非寛容）でバッシングするのだ。

もちろん公務員は公権力をふるう側にいるのだから、不正やサボタージュがないように市民が監視して指摘する必要はあるだろう。しかし、なかには公務員にいったい何を求めているのかと首をかしげたくなるようなケースもある。

2017年4月、愛知県一宮市消防本部に一通の苦情メールが送られた。その日は大勢の消防団員が参加する消防操法大会の説明会があったようで、それに参加した帰りに消防車でうどん店に立ち寄って昼食をとった団員がいるとの苦情だった。

団員たちは私用で消防車に乗っていたわけではない。また、お昼時になれば誰だって昼食をとるだろう。これが責められるべきことだろうか。

うどんを食べていたのが民間のサラリーマンだったなら、おそらく文句は出なかっただろう。「あんたの会社の営業マンが営業車でうどん店に来ていた。自分は得意客だが、もう商品は買わない」とクレームを入れたところで、相手にされないのはわかっている。ところが相手が公務員なら、「自分は税金を払っているから、文句をつける権利がある」と考えて、常軌を逸した苦情を言ってしまう。

税金関連では、福祉の恩恵を受けている人たちへの風当たりも強い。たとえば生活保護受給者へのバッシングがそうだ。子ども手当もなくなって、自分は行政からロクに福祉の恩恵を受けていないのに、なぜ働かない人たちがお金をもらえるのかと不公平感を抱いて、生活保護受給者の暮らしに文句をつける。

不正受給を糾弾《きゅうだん》するのはいい。しかし、月に1回、回転ずしに行っただけで、「贅沢だ」「生活保護費を減らせ」と声高に叫ぶのはいかがなものか。生活保護費は、受給者がどんな献立で食事をしようと変わらない。回転ずしを食べた生活保護受給者は、回転ずしを食べるために普段の食事代を切り詰めるなどしてお金をやりくりしたはずだ。それすら許さないというのは酷である。

こうした過剰な反応の背景には、やはり格差問題がある。生活に苦しむ人たちは、「自分を搾取したのは誰なのか」という目で、自分の被害者意識をぶつけられそうなターゲットを探している。広い視野に立てば、生活保護受給者も格差社会の被害者のはずだが、行政から支給される福祉というパイを奪うという点では、加害者。まさに弱者が弱者を叩く構造だ。

クレーマーが得をする社会

〝被害者ぶる人〟が目立つようになった2つめの要因として、「クレーマーが得をする社会」になったことを挙げたい。

〝被害者ぶる人〟は、何らかの利得を得ることを目的に、被害をでっちあげたり過度に強調したりする。

かつては利得を得るために誰かが被害を主張しても、そう簡単に認められず、結果的に利得を得られないことが多かった。たとえば親が学校に「うちの子の成績が悪いのは、先生の教え方が悪いからだ。担任を替えろ」と文句をつけても、学校は相手にしなかった。理不尽なクレームをつけたことがわかると、他の保護者からは、むしろ白い目で見られたものだ。

しかし、最近は違う。学校は保護者のクレームに耳を傾け、できるだけ要求を飲もうとする。学期途中の担任替えはともかく、クラス替えの時期に同じ担任にしないようにするくらいの配慮は行われている。もう、言ったもの勝ちの世界だ。

このように利得の要求が通ると、本人はそれに味をしめる。また、まわりも「文句をつけたほうが得かもしれない」と考え、自分も被害者のふりをしようとする。それが近年の被害者ぶる傾向の拡大につながっているように見える。

私が勤めている病院にも〝モンスターペイシェント〟とでも呼ぶべき困った患者さんが時折やってくる。

うちの病院は予約制で診察をしている。そのほうが患者さんの待ち時間が少なくて済むからだ。ただ、病院は、機械ではなく生身の人間を扱っている。だから、工業製品のようにみんな一律に同じではなく、一人ひとり症状が違う。当然、それに伴って診察時間にはばらつきが出る。前の患者さんに時間がかかれば、次の患者さんの診察が予定時刻より遅れることもある。そうしたケースが重なれば、数十分単位で予定がずれ込むことも珍しくない。

もっとも、そういう遅れが我慢ならない患者さんもいる。ある患者さんは、病院の事務スタッフに食ってかかり、謝罪を要求した。本人は必ずしも謝罪してほしかったわけではないのかもしれない。激高して見せたのは、少しでも早く診察の順番がくるように取り計らってほしかったからではないか。そうだとすれば、利得目当ての可能性が高い。

サービス業の隆盛がクレーマーに拍車

それでは、どうしてクレーマーが得をする社会になったのだろうか。

理由として考えられるのは、産業構造の変化だ。クレーマーが主にターゲットにするのはサービス業である。もちろん「農産物が腐っていた」「工業製品が故障してけがをした」というクレームもないわけではない。しかし、モノへのクレームはねつ造しにくい。被害者のふりをするにはヒトが相手のほうが簡単で、サービス業の従業員は格好のターゲットになる。

全産業におけるサービス業の従事者の割合は、戦後、右肩上がりで増えている。国勢調査によると、第三次産業従事者の割合は1980年で55%。〝ジャパン・アズ・ナンバーワン〟と言われて日本の製造業が絶好調だった時期だ。バブル景気の終末期である1990年で59%。2010年の調査で、ついに70%を超えた。いまや働く人々の約7割はサービス業で食べている。

産業構造が変化した結果、サービス業の現場で客から迷惑行為を受けるケースが目立つようになった。流通業などの労働組合でつくるUAゼンセンが行った調査（2017年「悪質クレーム対策アンケート調査結果」）によると、業務中に来店客から暴言や暴力などの悪質なクレームを受けたことがある人は、約74％にのぼった。

悪質なクレームを受けた人のうち、90％はストレスを感じており、1％は精神疾患になったという。クレーマーによって実際に被害が起きているのだ。

今後も、サービス業従事者の割合は増えていくだろう。ロボットやＡＩの時代になって、ものづくりの分野は機械への代替がさらに進むかもしれないが、接客など繊細なヒューマンスキルが必要とされる仕事は人間のほうが圧倒的に上手で、コストも安い。当面、クレーマーはターゲットに事欠かないだろう。

クレーマーはSNSを武器にする

クレーマーが増えたもう1つの理由として、ＳＮＳの発達も見逃せない。

２０１４年末、ゴキブリが混入していたカップ焼きそばが見つかった。そのため、製造していた即席めんメーカーは、本社工場から出荷された全商品を回収した。そのうえ、調査が完了するまでの約半年間、製造を中止する事態に追い込まれた。

ＳＮＳが登場するまでは、異物混入があっても、被害者とメーカーが直接やりとりをして、事が大きくなる前に対応して話をつけるケースがほとんどだっただろう。

しかし、この事件では被害者が混入画像をツイッター上にアップしたため、またたくまに炎上した。そのため内々で丸く収めることが難しくなり、工場の操業停止という経営を揺るがす事態に発展してしまった。

この事件では、ありもしない被害を被害者が告発したわけではない。実際にメーカーが自主的に製造中止に踏み切ったことを見ればわかるように、非は明らかにメーカーにあり、自業自得といえる。

ところが、この事件以降、ＳＮＳに自作自演した異物混入画像をあげる愉快犯が相次いだ。たとえばお菓子につまようじを差したり、コンビニのおにぎりに虫を入れたり。インターネットで告発する威力が広く知られて、悪用する人が相次いだのだ。

これは企業にとって脅威である。インターネット上の悪評は容易に拡散する。しかも、なかなか消えない。たとえば食べログなどの口コミサイトに「接客態度が悪かった」「トイレが汚かった」などと書かれたら、飲食店は大きなダメージを受ける。そのリスクを考えたら、店側は客の機嫌を損ねないことを優先せざるを得ない。その結果、クレーマーはますますつけあがり、より悪質な要求をするようになった。

SNSには、社会にとってプラスの面がいろいろある。だが、それも使い方しだいだ。被害者のふりをしたいクレーマーにとって、SNSは企業を脅すための格好の武器になりうるのである。

過剰な自己責任論が人を追いつめる

〝被害者ぶる人〟が目立つようになった3つめの要因が、「自己責任社会」だ。

小泉内閣以降、日本では新自由主義的な自己責任論が幅を利かせるようになった。政府が自己責任論を強調するのは、国家財政が悪化して、国家が国民の面倒を見ることが難しくなってきたからだろう。

その背景には、高齢化の影響で、社会保障費が年々膨らむ一方という事情がある。この伸びを抑えるために、自分の面倒は自分で見てくださいという政策にシフトしてきた。

企業もこの流れに便乗した。成果主義が相次いで導入されたが、成果主義は成果を出した人を厚遇する一方で、成果を出せなかった人を容赦なく切り捨てる。終身雇用と年功序列で誰でもほぼ定年まで安定した収入があった時代と違って、稼げるかどうかは本人しだいになった。

自己責任とは、結果を本人が引き受けるということである。字義通りに解釈すると、自己責任論が強くなったせいで〝被害者ぶる人〟が目立ち始めたという主張に矛盾を感じる人がいるかもしれない。

しかし、〝被害者ぶる人〟が目立ち始めたのは、じつは自己責任論の「反作用」の結果である。

自己責任社会では、就職ができないのも、結婚ができないのも、給料が上がらないのも、すべて自分のせいだと言われる。普通の人にとって、自分の能力や努力を否定されるのは耐えがたい。そこで、自己防衛のために「うまくいかなかったのは自分のせいではない」と否認する。そして、その説明のために「悪いのは誰々のせい。自分は被害者だ」と責任転嫁する。

自己責任論が強くなければ、自分の失敗が責められることもないし、誰かのせいにする必要もない。周囲から自己責任を押しつけられるから、その反作用として被害者ぶるようになったのである。

自己責任社会がつらければ、お互いに助け合ってカバーする社会に移行していくべきだ。実際、そのような動きがないわけではない。最近は社会的弱者をサポートする社会起業も増えている。

ただ、大勢は変わっていない印象だ。というのも、自己責任論自体を否定すると、こんどはうまくいったときに成果を自分の手柄にできなくなるからだ。そのため、自己責任論はそのままで、うまくいかなかったときだけ他の誰かや環境のせいにして自分を守ろうとする。

ずいぶん都合のいい考え方だが、自己防衛のためにそうやって心の平穏を保とうとしている人が多いのが現状だ。

第3章

被害者意識が人一倍強いのは、こんな人！

〝被害者ぶる人〟とは、どんな人か——その定義

〝被害者ぶる人〟の傾向と対策を考えるにあたって、まず〝被害者ぶる人〟の定義を明確にしておこう。

私が考える基準は2つある。

1つめは、「**本人の被害の受け止め方と、周囲のとらえ方との間に落差があること**」だ。周囲は客観的に「あの人は被害者ではない」と認識しているのに、本人は主観的に「自分は被害者」と言い張っているわけだ。

本人と周囲の認識の違いには、いくつかのパターンがある。まず、事実そのものの認識が違う場合。たとえば、ある女性が「夫に殴られて額にこぶができた」とDV被害を訴えたが、その後、「(この女性が)自分で額をコンクリートの壁に何度もぶつけているのを目撃した」と同じマンションの住人が証言したケースだ。〝被害者ぶる人〟は、ときにこのようにありもしない事実をでっちあげて被害者のふりをする。

一方、事実はあったものの、その程度をめぐる認識が異なる場合もある。たとえば部下のミスを上司が注意したとしよう。注意した事実は誰もが認めている。また、注意の仕方

は、周囲から見ると穏当なもので、とくに問題になるようなものではなかった。ところが、部下だけが「傷ついた。パワハラだ」と騒いでいる。このように事実をめぐる争いはなくても、その程度をどう受け止めるかで認識にギャップが生じることがある。

どちらのパターンにも共通しているのは、本人と周囲の認識に差があることだ。その落差が大きいほど、被害者意識も強いといえる。

〝被害者ぶる人〟には目的がある

〝被害者ぶる人〟かどうかを見分ける基準は、もう1つある。

それは、「**被害者になる目的があること**」だ。

単に本人と周囲の認識が異なっているだけなら、悪意のない勘違いだ。その場合、話は早い。

「あなたは自分が被害を受けたと思っているが、世間ではそれくらい普通のことだ」

このように説明すれば、周囲との認識のギャップが埋まる。だから自分の被害をことさら言い張るのをやめるだろう。

一方、〝被害者ぶる人〟には理屈が通じない。頭では自分がズレていることを理解していても、被害者ぶる目的があるため、頑《かたく》なにそれを認めようとしないのだ。

本人は、必ずしも自分の目的を自覚しているとは限らない。たとえば上司から注意を受けて「パワハラだ」と騒ぐ部下は、被害者ぶることで上司を悪人に仕立てあげる。上司の極悪非道ぶりに注目が集まれば、相対的に自分のミスは霞《かす》んでいく。つまり保身という目的のために被害者を演じるわけだ。

しかし実際は、このように論理的に考えて被害者のふりをする人ばかりではない。人間には、自分の心を守るために働く「防衛機制」が備わっている。〝被害者ぶる人〟のなかには、論理的に考えるわけではなく、直感的あるいは本能的に被害者の仮面をかぶる人もいる。直感であろうと本能であろうと目的があることに変わりはないが、頭で考えて被害者のふりをしたわけではないため、本人はその目的に無自覚だ。

また、最初は本人も目的をある程度自覚していたものの、被害者を演じているうちに自己暗示にかかり、本気で「自分は被害者だ」と信じて被害者意識を募らせる場合もある。そうなると、いわゆる「被害妄想」に近くなる。

ここまでいくと当初の目的はどこかにいってしまい、もはや本人も自分が何のために被害を主張しているのかわからなくなることが多い。それでも、最初に目的があったことには変わりがない。

それでは、〝被害者ぶる人〟は何のために被害者面《づら》をするのか。目的は、大きく分けて3つある。

①利得を得たい「メリット型」
②注目を集めたい「スポットライト型」
③復讐したい「リベンジ型」

1つずつ、特徴を紹介していこう。

利得を得たい「メリット型」

3つのタイプのうち、もっともわかりやすいのは「**メリット型**」だろう。何らかの利得を得るために、被害をでっちあげたり強調したりする。

典型的なのは、企業をターゲットにしたクレーマーだ。商品やサービスに文句をつけて、料金を安くしてもらったり、何らかの特典を引き出したりする。

メリット型の人が狙うのは直接的な金銭だけではない。精神科には、「疾病利得」を狙って来院する患者もいる。疾病利得とは、病気になることによって得られる経済的利益をはじめとするさまざまなメリットである。

たとえば、うつ病と診断されれば会社を休めるし、会社から給料がもらえなくても、保険から傷病手当金を受け取れる。

また、ＰＴＳＤと診断されれば、その原因となった人物や会社を相手取って損害賠償を請求することもできる。ケースバイケースだが、一般的に損害賠償金は傷病手当金より額が大きい。

もちろん自分だけが「ＰＴＳＤになった。上司のせいだ」と主張しても、健康保険組合や裁判所が認めてくれるわけではない。うつ病やＰＴＳＤと認められるには、医師による厳密な診断が必要だ。

ところが同業者のなかには、詐病《さびょう》（実際は病気ではないのに病気であると偽ること）だと気づきつつも、患者に言われるままに診断書を書いてしまう医師がいる。これは医師としてあるまじき行為だが、同情すべき面もある。正直に「それは詐病でしょう」と看破しようものなら、口コミ掲示板に「あの先生はヤブ医者だ」「誤診で症状が悪化した」など書かれてしまう。たとえ真実ではない誹謗中傷でも、開業医にとって、そういった噂をたてられること自体が痛手になる。

幸い私は勤務医なので、病院の経営問題に余計な気を回さず、現場のことだけに集中できる。そのため疾病利得狙いの詐病だと気づいたら、診断書を書くことを断り、その理由を説明する。

明らかに詐病と思われる患者さんに「何でもいいから病気だという診断書を書いてくれ」と頼まれたので、「作為症ですね」と診断書を書いたこともある。「作為症」の人は、自分は病気だとことさら周囲に示すが、しばしば症状をねつ造している。つまり、さも病気であるかのように装うわけで、自らに負わせる作為症は、かつて「ミュンヒハウゼン症候群」と呼ばれていた。

作為症では会社を休む理由にはならないし、当然、傷病手当金ももらえない。ちょっといじわるかとも思ったが、不届きな患者さんには別の意味でいい薬になったのではないか。

私の肌感覚では、精神科を受診する患者さんの約1割は詐病の疑いがある。「精神疾患は目に見えないから、言ったもの勝ち。つべこべ言わずに診断書を書け」と言わんばかりの態度ですごむ患者さんも少なくない。残念なことだが、それが実態だ。

直接的にしろ間接的にしろ、経済的利益は被害者のふりをする立派な理由になる。精神科の現場にいると、そのことを否が応でも実感させられる。

組織人には「保身」が大きな利得に

メリット型が狙っているのは、経済的な利得ばかりではない。職場でよく見かけるのは、自己保身という利得だ。組織内で生き残っていくためには、マイナスの評価を受けないことも立派な利得になる。失敗を他の人になすりつけるなどして責任を回避するために、被害者のふりをするのである。

その典型が、東芝の不適切な会計処理だろう。日本を代表する名門企業だった東芝は、西田厚聰社長時代にパソコン部門の不適切会計処理を始めた。西田氏が会長になると、後継指名を受けた佐々木則夫社長も利益にこだわり、不適切な会計を拡大させた。いわば、ふたりは共犯関係のようなものだが、しだいに関係が悪化して、確執は業界中が知るところとなった。

報道によると、不適切会計を証券取引等監視委員会に内部告発したのは、西田相談役（当時）の息のかかった役員たちだといわれている。目的は、佐々木副会長（当時）を失脚させること。この目的は見事に成功したが、こんどは佐々木氏側が次々に情報をリークして、西田氏自身も経営責任を問われてしまった。

両陣営の刺しあいは、まさしく自己保身のためだった。自分の責任を回避するために、お互いが相手の非をあげつらい、自分は巻き込まれた犠牲者だと主張したわけである。結果的に共倒れになったが、保身は消極的な利得の1つ。世間を賑わせたふたりのトップは、メリット型の〝被害者ぶる人〟だったといえる。

規模こそ違えど、保身という利得目当てで被害者のふりをするケースは多くの職場で見受けられる。

たとえば本当は部下から報告を受けていたのに、「聞いていない」と言い張って自分の判断ミスを隠す上司。逆に上司からしっかり指示が出ていたのに「自分は非主流派で、無視されていた。何も聞いてない」と主張する部下。また、営業部門と製造部門が「工場がいいものをつくらないから売れない」「営業が無茶な納期で注文を取ってくるから、いいものをつくれない」といがみ合っている会社も少なくない。

家庭内でお互いに被害を訴える夫婦も、保身を目的としたメリット型だろう。「あなたが家庭を顧みないから浮気した」「セックスレスになったのは、おまえが女性として努力を怠ったからだ」と、相手を責めることで自分の非から目をそらそうとする。

職場にしろ家庭にしろ、自己保身目当てで〝被害者ぶる人〟は後を絶たない。金銭を積極的に得ようと被害者を装う人よりましかもしれないが、利得が目的であることに変わりはない。巻き込まれないように警戒が必要だ。

「スポットライト型」は悲劇の主人公になりたがる

被害者ぶる目的の2つめは、注目を浴びたいという自己顕示欲を満たすことで、それが人一倍強いのが「**スポットライト型**」である。

スポットライト型は、要するに目立ちたがり屋だ。人々の視線を一身に集めることで自尊心が満たされる。人に認められたいという承認欲求は誰にでもあるが、スポットライト型は人に認められるだけでは足りず、主役として注目されることに強い生きがいや喜びを感じる。

目立つための正攻法は、人より秀でた能力を持ち、人より優れた実績を残すことだろう。

ただ、人並み優れた能力を持つ人はまれだ。目立ちたい人がいても、その多くは能力不足でスポットライトを浴びられない。

しかし、能力が足りない人でも手っ取り早く目立つ方法がある。それは被害者になること。自分を悲劇のヒーロー、ヒロインにしてしまえば、多くの人が同情し、振り向いてくれる。悲劇の主人公になるには、被害を受けたと主張すればいい。そのストーリーさえでっちあげてしまえば、能力にかかわらず、誰でもスポットライトを浴びられる。

イメージしやすいのは、STAP細胞の論文不正問題で一躍時の人になった小保方晴子氏だろう。不正疑惑を追及されたときの記者会見。少しやつれていた小保方氏は「STAP細胞はあります！」と反論した。涙ぐみながら訴えるさまは、無実の罪を着せられた悲劇のヒロインさながらだった。ネット上の反応の多くは冷ややかだったが、なかには「かわいそうだ」「追いつめるな」という声もあった。ごく一部の人に対しては被害者ぶる作戦が功を奏したようだ。

過激な発言を繰り返して物議を醸す〝炎上商法〟の人たちも、スポットライト型だろう。たとえば元衆議院議員の上西小百合氏は、たびたびツイッターで過激な発言をして敵をつくっている。最初に誰かをくさして攻撃するのは上西氏のほうなので、彼女が被害者だとは誰も思わないはずだ。

しかし、テレビ番組での発言を聞くと、本人には自分が加害者であるという自覚はないようだ。それどころか、むしろ被害者だと主張している。

「私のツイッターって見て腹が立つ人はいるかもしれないけど、とくに誰も傷つけてないんですよ。むしろ一番迷惑を被っているのは、わけもわからず炎上してブーブー言われる私かなと思っている」（日本テレビ系『ダウンタウンＤＸ』。２０１７年11月2日放送）

はたして、この発言は事実に即しているだろうか。

彼女の炎上は確信犯的で、ブーブー言われることこそが狙いだろう。また、この発言が視聴者の反感を呼んでさらなる話題になることも計算のうちだろう。まさに注目を集めるために被害者の仮面をかぶったのである。

小保方氏や上西氏のように悲劇の主人公を演じることで人の気を引こうとする人には、「演技性パーソナリティ障害」の疑いがある。演技性パーソナリティ障害の人は過激な言動をしたり、何でも誇張したりするため、まわりの人は何かと振り回されてしまう。かといってスルーするのも容易ではない。まわりからの注目を集められないと、自殺未遂など、より過激な言動でみんなを振り向かせようとする。じつに厄介だ。

怖いものなしの「リベンジ型」

被害者ぶる目的の3つめは復讐で、復讐願望が人一倍強いのが「**リベンジ型**」である。リベンジ型は、実際に被害を受けた場合だけでなく、実際には被害を受けていない場合でも、自分は被害者だと信じている。その怒りを加害者や関係のない第三者にぶつけて攻撃するために、本当は受けていない被害をねつ造したり、受けた被害を誇大に言い立てたりする。

芸能界でいえば、泥沼の離婚劇を演じた松居一代氏がこれに当たる。離婚騒動のとき、彼女は当時夫だった船越英一郎氏の悪口をYouTubeで流した。「糖尿病でED。バイアグラを使って不倫している」と暴露したのだ。

そこからさかのぼること2年前には、亡くなったばかりの某女優と船越氏が過去に交際していたことも暴露した。一説には、その暴露が夫婦関係を悪化させたと言われている。松居氏は過去の交際をばらしたことを会見で夫に謝罪したが、夫は許すことができなかったようで、ついに離婚調停を申し立てた。

松居氏は離婚を切り出されたことに怒りを感じて、前述のような過激な暴露を始めたと考えられる。報道によれば、船越氏の浮気の事実は確認できず、松居氏のでっちあげや思い込みの可能性もあるという。

問題は、なぜ松居氏がそんな暴露をしたのかということだ。

暴露の目的は、夫婦関係の修復ではない。夫婦としてやり直すために夫の浮気を言い立てるのは、どう考えても得策ではない。おそらく彼女の狙いは、夫のイメージダウン。スポンサーが船越氏の起用を躊躇するくらいにイメージを地に落とそうとしたのではないだろうか。

客観的に見れば、夫を窮地に立たせたところで本人に利得はないはずだが、怒りに駆られてとにかく復讐せずにはいられない。そのためには自ら進んで被害者になってもいい。それがリベンジ型の思考パターンだ。

松居氏の場合は、もともと被害者のふりをする性格だったうえに、さらに「退行期パラノイア」が重なった可能性もある。

松居氏はブログで次のように発言している。

「告白するよ　実はもう…1年5ヶ月も尾行され続けているの　だから、夜は、まったく電気を使わない生活をしているのよ　真っ暗のなかにいるんです」

「いつでも、全力で走れる靴スニーカー生活です」
「常に、後ろを振り返り運転するときは、バックミラーを確認する生活です」
これらの書き込みは、単なる思い込みのレベルを超え、「妄想」の域に達している可能性が高い。妄想と判断するには、次の3つの条件が揃わなければならない。

①現実離れした内容であっても、
②本人が真実だと確信していて、
③周囲の人が訂正するのは不可能

彼女のブログを読むと、この3つの条件が満たされている。動画に登場した本人の表情や目つきも、医師の視点から眺めると、妄想的確信に満ちているように見える。被害妄想の一種である追跡妄想を抱いている可能性が考えられる。

40〜60歳くらいの女性が被害妄想を抱く場合、その原因疾患として多いのは「退行期パラノイア」である。

退行期パラノイアは圧倒的に女性に多く、不安と高揚が入り交じった不安定な精神状態になる。最初はなんでも邪推し、ちょっとした疑念や不信感を抱くことから始まる。そしてしだいに誤解や錯覚が頻繁になり、やがて一貫した内容を持つ妄想へと発展していく。

「幻聴」もしばしば出現する。松居氏はブログに「4月22日の早朝　あたしの耳にひとつのメッセージが聞こえたんです」と書いているが、幻聴の可能性も否定できない。

退行期パラノイアになりやすいのは、「きわめて活動的で、自我意識が強く、自己中心的な性格」、もしくは「敏感で猜疑《さいぎ》的な性格」の持ち主で、男性的な女性だ。これまでの報道から、松居氏は両方の性格傾向を兼ね備えているように見える。家政婦のミスに怒って怒鳴り散らしたため、家政婦が次々に辞めていったという話を聞くと、気性の激しい女性という印象を受ける。

被害者のふりをする性格は簡単に変えられないが、退行期パラノイアのほうは、適切な治療をすれば治る見込みが十分にある。ところが、松居氏は「私は病気にはなっておりません」と書いている。自分が病気だという自覚、つまり「病識」がないわけで、病識のない人を治療に導入するのは至難の業。離婚が成立していまは夫婦間の葛藤《かっとう》がなくなったはずだが、退行期パラノイアが継続しているとしたら、やや心配だ。

リベンジ型は自爆テロで相手を攻撃

リベンジ型が怖いのは、自らの利得を無視している点だろう。必ずしも自分にプラスにならなくても復讐を遂げたいというレベルなら、まだかわいいものだ。リベンジ型は、ときに自分に不利益があってもお構いなしに相手を攻撃する。いわば自爆攻撃も辞さない。

前出の松居氏にしてもそうだろう。芸能人はイメージが大切だ。あの騒動の後、彼女は目立った芸能活動をしていない。すでに家庭用品のプロデュースでそれなりの財産を築いているので生活に困ることはないのかもしれないが、騒動が仕事面でマイナスに働いたことは否めない。

私がかつて勤務していた大学でも、自爆テロ型のリベンジをした人物がいた。ある学科で、教員をひとり、新たに採用することが決まった。学科長とある女性の教員は、福祉系の人を採用したいと主張。一方、べつの男性の教員は心理系の人を採るべきだと主張した。結局、多数決で学科長派が勝ち、福祉系の教員が採用された。

すると、しばらくして学内を揺るがす事件が起きた。学科長と、同じく福祉系の採用を推していた女性の教員が男女の仲（不倫関係）にあるという怪文書がばらまかれたのだ。

学科長は「事実無根。名誉棄損で訴える」と激怒。さっそく内々に犯人探しが始まった。

状況から見て、心理系の採用を強く主張していた男性の教員が犯人として疑われた。真偽のほどは私もわからない。ただ、その教員は学長に呼び出され、しばらくしてから他の大学に転職した。騒ぎを公にしたくないが、かといって放置するわけにもいかない大学側の事情でこのような結果に落ち着いたのだという噂が学内で立った。

みんなの前でメンツをつぶされた教員が復讐のために怪文書をばらまいたとしたら、やり方が幼稚すぎる。状況から見て自分が真っ先に疑われることはわかっているのだから、復讐するにしてももっと他のやり方があっただろう。

しかし、そこまで気を配れないほど頭に血がのぼっていたり、頭では理解していても「死なばもろとも」と考えて自爆したりするのが、リベンジ型の特徴である。

損得を考えていない相手に、合理的な説得を試みても通用しない。ターゲットにされるともっとも厄介なのがリベンジ型なのだ。

貴乃花親方は、なぜ怒りの矛を収めないのか

リベンジ型は、自分に不利益があるとわかっていても、なぜ復讐をやめないのか。

それは損得ではなく、正義か不正義かということを自分の行動の基準の1つにしているからだろう。

古代ローマの哲学者セネカは、『怒りについて』のなかで、怒りとは「不正に対して復讐することへの欲望」であり、「自分が不正に害されたとみなす相手を罰することへの欲望」であると述べている。つまり「自分は不正の被害者」という認識が怒りを生み、怒りが復讐願望を駆り立て、我を忘れさせるというわけだ。

もちろん客観的に見て、〝被害者ぶる人〟が本当に不正の被害者であるかどうかは別の話だ。先ほど紹介した例で言うと、怪文書をばらまいたと疑われた教員と告発された教員のどちらに正義があったのか、私にはよくわからない。何が正義で、何が不正義かは、その人が置かれた立場によっても変わるからだ。

ただ、怪文書をばらまいた教員は、少なくとも「我に正義あり」と信じていただろう。そうでなければ職を失うリスクをおかしてまで告発するはずがない。

損得ではなく正義・不正義を判断基準にするのは、一見すると立派なことのように見えるかもしれない。しかし、正義には危険が伴うことを忘れてはいけない。

イギリスの哲学者ジョン・スチュアート・ミルは『功利主義論』のなかで、正義を次のように説明している。

「正義の心情には、2つの本質的な要素がある。加害者を罰したいという欲求と、一人またはそれ以上のはっきりした被害者がいるという知識または確信である」

正義の心情は、「処罰欲求」と「被害者がいるという確信」で成り立っていると述べているわけである。

この2つの要因は密接に結びついている。被害者がいるという確信が強いほど、処罰欲求も強くなる。つまり被害者意識が強いほど、「正義」の名のもとに過剰な復讐をするようになる。

正義が暴走した例で私が思い浮かべるのは、元横綱の日馬富士氏の暴行問題に端を発した貴乃花親方のふるまいである。

暴行の被害者は、貴乃花部屋の貴ノ岩関だ。貴乃花親方はもともと外国人力士を弟子に取らない方針だったが、貴ノ岩関の才能にほれ込んで弟子にした。それだけに思い入れは強かったはずで、貴ノ岩関が暴行を受けたと知って、まるで自分が暴行を受けたかのように心に痛みを感じたのだろう。

被害者意識が格別に強かったことは、日馬富士氏の引退が発表された後も貴乃花親方が矛を収めなかったことからもよくわかる。

日馬富士氏は自ら引退したものの、そうしなければ引退勧告が出ていた可能性があり、事実上のクビと変わらない。それなりの社会的責任は取ったといえる。

ところが貴乃花親方は日本相撲協会からの調査への協力要請になかなか応じなかった。おそらく日馬富士氏の引退程度では処罰感情が満たされなかったからではないか。

貴乃花親方の怒りが収まらないのは、暴行事件以外にも不正義を感じていたからだろう。報道によると、貴乃花親方は横綱・白鵬関の相撲に批判的だったという。たとえば、白鵬関はほとんど肘《ひじ》打ちに近い「かち上げ」という技を繰り出すことがある。ルールで禁止されているわけではないので、外国人力士である白鵬関は悪意なくやっているのかもしれない。しかし、貴乃花親方は相撲を神事ととらえているようで、横綱時代はその地位にふさわしい相撲を取ってきた。そうした自負のある貴乃花親方の目に、白鵬関の取り口が相撲道への侮辱として映ったとしても不思議ではない。

また、貴乃花親方は故・北の湖前理事長から厚く信頼されており、後継の最有力とみなされていたが、北の湖親方の死後、八角親方派が貴乃花親方を追い落として協会を牛耳った。このことも貴乃花親方は不正義と感じて、被害者意識を募らせたに違いない。

日馬富士氏の暴行事件は、こうした事情を背景にして起きたわけで、問題の根はもっと深いところにあった。だからこそ、貴乃花親方としては日馬富士氏の引退ですべて水に流すわけにはいかなかったのだろう。

心配なのは、貴乃花親方の行動がさらにエスカレートしているように見えることだ。相撲協会は親方の投票で理事を選ぶ。貴乃花一門は2018年の理事選で、貴乃花親方ではなく阿武松親方を担ぐことにした。クーデターではない。相撲協会で立場が悪くなった貴乃花親方が、これ以上逆風にさらされないようにいったん休ませて、将来の巻き返しを狙う現実的な戦略だった。

ところが貴乃花親方は一門の親方たちの反対を押し切って立候補した。結果は2票しか取れずに落選。協会内での不人気ぶりが浮き彫りになり、求心力の低下に拍車がかかってしまった。

さらに2月にはテレビ朝日の特別番組に、協会に無届で出演した。協会の対応に疑問を投げかけたロングインタビューは視聴者に好評だったようだが、協会は態度を硬化させた。そのため、貴乃花親方の協会内での立場はますます悪くなっている。

本当に相撲協会を改革して真の相撲道を取り戻したいなら、もう少し賢いやり方があるのではないだろうか。貴乃花親方が自分の掲げる「正義」を貫こうと過激な行動に走るほど、正義の実現はかえって遠のいているように見える。自分が掲げる正義に酔ってしまい、合理的な判断ができなくなっているとしか思えない。

貴乃花親方は正義の旗印を掲げているものの、もはやその目的はどこかに消えて、復讐の虜になっているように私の目には映る。復讐の炎で焼かれるのが本人でなければいいのだが、先行きが心配である。

リベンジ型の人は、ときに貴乃花親方のように頑《かたく》なになり、復讐のための行動をエスカレートさせていく。「正義」を声高に叫び始めると、もはやブレーキが利かない。周囲は巻き込まれないように距離を取ったほうが賢明だ。

関係ない第三者にリベンジをする人たち

じつはリベンジ型には、もう1つ厄介な点がある。

自分に害を及ぼした相手に直接復讐できないと、しばしば代わりに他の人をターゲットにする。これは、第1章で取り上げた「置き換え」のメカニズムによる。

私はある金融機関で、定期的に社員のメンタルヘルスの相談に乗っている。ある日、非正規の女性社員のAさんが、ものすごく困った表情で相談にやってきた。Aさんの同僚で、同じく非正規だったが、最近他社に転職したBさんという女性がいた。Aさんの悩みは、Bさんが退職直前に吐き出した会社や同僚の悪口だった。

「上司の指示で痛い目に遭ったとか、この会社は裏でこんなことをやっているとか、会社や同僚の悪口をポンポンとぶつけてきたんです。最初は調子を合わせていましたが、会社や同僚のダメなところを延々と聞かされているうちに、自分はこのままここに勤めていて大丈夫だろうかと不安になってしまって……」

私はAさんの告白を聞いて驚いた。というのも、Bさんが退職する前、私が面談したことを思い出したからだ。そのときは仕事への不満を漏らすことはなく、職場での人間関係も良好だと答えていた。私が知っている朗らかなBさん像と、Aさんが語るネガティブなBさん像では、印象がまるで違う。

おそらくAさんの話は本当で、Bさんは在職時にさまざまなストレスや不安を抱えていたのだろう。ただ、非正規という弱い立場では、声をあげることができなかった。私には守秘義務があるので相談内容を会社側に漏らすことはないが、Bさんから見れば私も会社側の一員であり、私にも相談したくないという心境だったに違いない。

退職を決めたことでBさんは精神的に解放され、ようやく怒りを表現することができた。しかし、向かった先がいただけない。前の職場を相手取って真正面からリベンジすべきところなのに、とくにBさんに迷惑をかけていたわけではない同僚のAさんに感情を吐き出したのだから。

残された者の負担にならないようにきちんと身辺整理をして美しく立ち去ることを「立つ鳥跡を濁さず」というが、Bさんの場合は、「立つ鳥跡を濁す」だ。本人はいろいろ吐き出してスッキリしたかもしれないが、そのとばっちりを食ってBさんの激しい感情を受け止めることになったAさんにとっては迷惑以外の何ものでもない。

このケースのように、リベンジを目的に〝被害者ぶる人〟は、ときに本来の相手とは関係がない第三者に怒りをぶつけることがある。運悪く代わりにターゲットにされた人は気の毒としかいいようがない。

怒りの置き換えは、立場の弱い人へと向かう

自分に害を及ぼした（と思い込んでいる）相手に復讐したいが、力関係などの問題でリベンジすることが現実には難しい場合、その矛先は叩きやすい相手に向かうケースが多い。たとえば芸能人の不倫バッシングも、叩いている人のなかには日常生活で何らかの被害者意識を抱いていて、その復讐のために叩きやすい不倫芸能人を攻撃している人がいるはずだ。

もちろん不倫は道徳的に許されない行為であり、民法上でも不貞があれば不法行為に当たる。

ただ、民法で不倫の責任を問うことができるのは、直接の被害者、つまり夫や妻に不倫された人、もしくはその不倫相手の配偶者だけだ。たとえば医師との不倫が報じられた斉藤由貴氏の責任を問えるのは、斉藤氏の夫と、不倫相手の医師の妻だけ。もはや古い話になるが、タレントのベッキー氏の責任を問えるのは、不倫相手だった「ゲスの極み乙女。」のボーカル、川谷絵音氏の元妻だけである。

不倫が報じられた芸能人たちは、自分が世間からバッシングを受けることについて、心

のなかでは「たしかに悪いことをしたかもしれないが、謝る相手は直接の関係者だけで、世間に対してではない」と考えていることだろう。しかし、そのように本音を明かすと余計に炎上してバッシングを受けてしまう。だから嵐が過ぎ去るまで、ひたすら頭を低くして耐え忍ぶしかない。

叩く人たちはそういう芸能人の事情をよくわかっている。こちらがいくら叩いても、相手から反撃を受けることはないと高を括《くく》っている。まさに相手の弱い立場を利用して、ここぞとばかりに普段抱えていた負の感情を不倫芸能人にぶつけて発散する。

とくに芸能人は、一般の人たちにとって、普段は雲の上に近い存在である。それが一転して弱い立場になるのだから、「ざまあみろ」という気持ちも加わる。かくして、「たかが不倫」は「世紀の大犯罪」となり、延々とバッシングが繰り返されるのである。

無関係の相手も「正義」があれば断罪できる

怒りの置き換えによって無関係の第三者を叩く人は、自分の行為を正当化するために、しばしば「被害者との同一視」を行う。

どこかに叩かれても仕方がない人がいたとしても、まったく関係のない外野の人間が口を挟むのは憚《はばか》られる。そこで、叩くターゲットになりそうな相手から被害を受けた真の被害者（不倫なら裏切られた配偶者）と自分を同一視する。自分が被害者と一体になれば、被害者の立場に立てるので、思う存分バッシングができる。

被害者との同一視によって、リベンジ型の人は「正義」も手にする。「自分は直接の当事者ではないが、正義の側に立っているから、自分が行う『加害者』への処罰は正当なものである」と胸を張れる。

正義を手に入れた〝被害者ぶる人〟は、行動に躊躇がなくなる。怒りの置き換えのターゲットはもともと抵抗できない立場にいることも相まって、行動はますますエスカレートしていく。

自分が抱えていた被害者意識を、この構図で弱者にぶつけた事件として思い出されるのは、2016年7月、相模原市の障害者福祉施設「津久井やまゆり園」で起きた大量殺傷事件だ。この事件では、入所者や職員計46人が殺傷された。なかでも死亡者数は戦後最多の19人にのぼる凄惨な事件だった。

この事件の犯人Xは、幼少のころから憧れていた小学校教諭になれず、障害者福祉施設に就職した。当初はある程度の志を持っていたようだが、しだいに不満を募らせて「仕事が大変だ」と愚痴を漏らすようになる。理想の人生を送れなかったのは自分の責任のはずだが、Xは自分の人生の失敗を受け入れられず、被害者意識を募らせていく。

置き換えによって怒りの矛先《ほこさき》を向ける格好のターゲットになったのが、目の前の入所者たちだった。入所者たちは障害者で、社会的に弱い立場にいる。Xは「障害者は皆殺しにすべき」と話すようになり、ますます周囲から孤立した。

このときXが同一視しようとしたのは「国家」だった。Xは事件前、殺害の計画をしたためた手紙を衆議院議長宛に書いて議長公邸に持参した。「ご決断頂ければ、いつでも作戦を実行致します。日本国と世界平和の為に、何卒よろしくお願い致します」と、まるで障害者を殺害することが国家の望みであるかのように書き、自分を代理の処罰執行者として認めるように請願したのだ。もちろん国家は相手にしない。手紙を受け取った衆議院事務局はすぐに警察に通報している。

Xは歪んだ正義に取り憑《つ》かれていた。報道によると、事件後に次のように供述したという。

「障害者の安楽死を国が認めてくれないので、自分がやるしかないと思った」

「障害があって家族や周囲も不幸だと思った。事件を起こしたのは不幸を減らすため」

「殺害した自分は救世主だ」

Aが犯行に及んだ一因に、自分の挫折から生まれた被害者意識がある可能性が高い。ところが、いつのまにか怒りの置き換えによって、怒りを社会的弱者である入所者に向けた。そしてそのことを正当化するために、到底受け入れられない危険な「正義」を振りかざしたと考えられる。


哲学者のニーチェは、『道徳の系譜学』（光文社古典新訳文庫）のなかで、

「裁判官を装った復讐の鬼たちがうようよしている。この復讐の鬼たちは、『正義』という言葉を、毒のある唾液のように絶えず口の中に蓄えている」

と述べ、彼らは「復讐を正義という美名で聖なるものにしようとしているのだ」と指摘している。

まさに本質を突いた指摘だ。リベンジ型の人は正義をことさらに高く掲げて、自分を傷つけた相手だけでなく、まったく関係のない第三者も攻撃する。〝被害者ぶる人〟たちの

なかでも、じつにおそろしいタイプである。

被害者ぶる目的は1つに限らない

〝被害者ぶる人〟の3つの目的別類型——メリット型、スポットライト型、リベンジ型——を見てきたが、じつはこの3つはきれいに分かれているわけではない。

〝被害者ぶる人〟たちは、多かれ少なかれこれらの目的の2つか3つを併せ持っていることが多い。

たとえば学校法人「森友学園」をめぐる問題で一躍時の人となり、2017年7月に国や大阪府の補助金を不正受給したとして逮捕された前理事長の籠池泰典氏（本書執筆の2018年3月時点では公判前整理手続き中）がいい例だろう。

疑惑が報じられてから逮捕されるまで、籠池氏は精力的に報道陣のカメラの前で自分の主張を展開した。国内の報道陣に対応するだけでなく、日本外国特派員協会でも会見を行っている。また、国会の証人喚問にも応じ、堂に入った受け答えをしていた。政治家も顔負けの弁舌だった。

籠池氏の主張は、煎《せん》じ詰《つ》めれば「自分は国策捜査の被害者だ」というものだ。その真偽はさておき、このように主張した最大の目的は、保身というメリットのためだろう。このままでは有罪になるおそれがあり、それを避けるために被害者であることを強調した可能性が高い。

また、籠池氏にはスポットライト型に多い「演技性パーソナリティ障害」の特徴も認められる。安倍昭恵首相夫人から寄付されたと主張する100万円を返却するために、わざわざ報道陣を引き連れて昭恵夫人経営の居酒屋に赴いたが、このように目立つことをしたがるのは、いかにもスポットライト型らしい。返却しようと持参した100万円の札束は、両端のみが本物のお札で、中身は白紙だったという。こうした小道具を使って演出しようとするところも手が込んでいる。

籠池氏の主張には、リベンジの意味合いもあっただろう。国会に証人喚問されて小学校新設認可の取り下げについて質問されると、「九分九厘できあがっていて、はしご段を外された」と答弁。怒りを感じた政治家として松井一郎大阪府知事の名前を挙げている。

また、その他の発言を聞いても、安倍晋三首相や昭恵夫人の裏切りだということをにじませている。本当の悪は別にあると言わんばかりだ。

このように籠池氏は、保身という利得を得たいメリット型、注目を集めたいスポットライト型、はしごを外された恨みを晴らしたいリベンジ型の3つの要素をすべて持ち合わせている。籠池氏を3つのうちのどれか1つに無理に分類するのは不可能だ。

先に挙げた有名人の事例で言うと、スポットライト型として紹介した小保方晴子氏には保身というメリット型の要素があったし、リベンジ型として紹介した松居一代氏には注目を集めたいスポットライト型の要素があった。目的が複数あるのは、特段に珍しいことではない。

〝被害者ぶる人〟の目的がわかれば、こちらもそれに合わせて対処できる。その意味で目的を知ることは大切だ。しかし、目的が複合的であるケースは少なくなく、無理に1つの類型に当てはめると、かえって対処を誤るおそれがある。複数の目的を持っている可能性が高いことを前提にして、柔軟に考えたほうがいいだろう。

第4章

こうして被害者意識は強くなっていく

「被害者意識の強い人＝貧乏、孤独な人」は間違ったイメージ

多くの人は、「被害者意識の強い人＝仕事や生活で大きな問題を抱えている社会的弱者」というイメージを抱いているかもしれない。もちろん、なかには人生がうまくいかずに被害者意識を募らせて、被害者ぶる行動となって表れる人もいる。

しかし、「被害者意識の強い人＝社会的弱者」という決めつけは間違いだ。被害者意識の強い人たちのなかには、ごく普通に暮らしている人や、むしろ社会的に成功している人が少なくない。一見すると被害とは関係なく平和そうに暮らしている隣人が、じつは陰で被害者意識を募らせ、誰かを攻撃していたとしても、不思議ではない。

興味深い研究がある。慶應義塾大学経済学部准教授の田中辰雄氏は、国際大学グローバル・コミュニケーション・センター講師の山口真一氏と共同でネット利用者2万人に対して炎上参加経験に関するアンケート調査を行った。

炎上に参加するのは、まず、処罰感情が強い人たちである。前章で示した類型でいうと、リベンジ型の人がこれに当たる。

では、具体的にはどのような人たちだろうか。研究をまとめた記事「炎上させるのは『バ

カで暇人』たちなのか」(『PRESIDENT』2017年10月2日号)によると、炎上参加者には、感想を軽く書き込むだけのライトな参加者と、攻撃的な書き込みを執拗《しつよう》に繰り返すヘビーな参加者がいるという。

「ライトな参加者は30～40代が中心で、個人年収や世帯年収が高いほど参加率も高くなる。子どもと同居している人も参加率が高い。(中略)炎上に参加するのは独身で貧乏、ストレスを抱えた人たちという見方は偏見だ」

では、ヘビーな参加者のほうはどうか。

4万人を対象にした別のアンケート調査では、過去1年間に11件以上の炎上事件に参加し、1件当たり最高で50回以上書き込んだ人は、7人いた。この7人が炎上の中心人物だが、「客観的属性に明確な特徴はなく、学歴、収入、既婚・未婚はバラバラである」という結果だった。つまり、ライトな参加者だけでなくヘビーな参加者に対しても、社会的弱者というレッテルを貼るのは間違いということだ。

ちなみにスーパーヘビーな7人の参加者(田中氏は「スーパー・セブン」と名づけた)は、主観的な考え方に明確な特徴があった。

「アンケートによると、スーパー・セブンは『罪を犯した人は世の中から退場すべき』『ずるいやつがのさばるのが世の中』『努力は報われないものだ』と考える傾向がライトな参加者に比べて強かった。世の中に対して恨みを持ち、被害者意識が極端に強い」

ネット炎上に参加する人の胸中には、まさしく強い被害者意識と、それに伴う処罰感情が潜んでいる。ただし、強い被害者意識を持つのは、必ずしも仕事や生活に苦しむ人たちばかりではない、ということに留意すべきだ。

成功者と〝被害者ぶる人〟は紙一重

じつは社会的に成功した人たちのなかにも、〝被害者ぶる人〟たちは多数交じっている。

たとえば官僚や一流企業勤務のサラリーマンなどのエリート集団は、メリット型の〝被害者ぶる人〟になりやすい。エリートは何の努力もなくいまの地位に昇りつめたわけではない。一部の天才を除き、多くは子どものころから塾通いをするなどして勉強を重ねてきて、いまのポジションや収入を手に入れている。

血のにじむ努力をして手に入れたポジションや収入だけに、それらに対する執着が人一倍強い。執着が強ければ、自己保身への欲求も強くなる。かくして保身というメリットのために、自分が被害者であるかのように装うのである。

プレゼンテーション能力が高い人も要注意である。プレゼン能力は、いまやビジネスパーソンに欠かせない能力の1つだろう。競争の激しい環境で頭一つ抜け出そうと思えば、自分の実績や強みをしっかりアピールしなければならない。

たとえば営業マンなら「自分から買ったほうが得だ」とお客を納得させなければならないし、組織のなかで出世したければ「この仕事を成功させたのは自分だ」と手柄を強調しなければならない。芸能界でお笑い芸人やタレントとして生き残っているのも、少しでも自分がテレビに映る時間を長くしようと、前に出る人たちばかりだ。

こうした、他人より目立ちたいという自己顕示欲の強さと、それを支えるプレゼン能力の高さが、彼らを成功者たらしめている。

ただ、自己顕示欲の強さは、一歩間違えるとスポットライト型の被害者ぶる行為へとつながりやすい。みんなから注目を集めたいのに、いまのままでは振り向いてもらえない。あるいは、もっと注目を浴びたい。そんなとき、自分を悲劇のヒロインやヒーローに仕立てあげる。

しかも、なまじプレゼンが上手なだけに、まわりはコロッと騙《だま》されてしまう。先に紹介した小保方晴子氏や上西小百合氏は、自己顕示欲が強いように思われるが、彼女たちが若くして世に出たのも、自分をよく見せるプレゼン能力が高いからだろう。

成功している人のなかには「あの人のためなら一肌脱いであげたい」と思わせるような「人たらし」がいる。このタイプも要注意だ。人たらしは、自己顕示欲が強くてプレゼンに長《た》けたタイプと違って、押しは強くない。しかし、人間性で魅了したり、義理人情を巧みに使ったりして、結局は自分の要求を相手に飲ませてしまう。人の心を操るという意味で、危険度はプレゼン能力の高い人と遜色《そんしょく》ない。

また、一躍時の人になった経営者など、強烈な成功体験を持つ人は、リベンジ型の〝被害者ぶる人〟に転換しやすい。

華々しい成功を飾った人は、周囲からちやほやされる。そうなると、謙虚であり続けるのは、結構難しい。最初は謙虚だった人も、周囲から持ち上げられるうちに「自分はすごい」「特権階級だ」と勘違いし始めて、しだいに自己愛を膨らませていく。

肥大化した自己愛は、ちょっとしたことで傷ついてしまう。以前なら笑って聞き流せたような評判も、成功してうぬぼれが強くなるほど、許せなくなっていく。成功すれば心にゆとりができそうなものだが、むしろ、逆の人が多い。正当な批判ですら我慢できなくなり、「誹謗中傷だ」と自分が被害者であるかのように装い、報復に出ようとする。

現役時代は運よく、被害者ぶる気持ちをコントロールできたとしよう。だが、怖いのはリタイア後だ。かつて成功した経営者も、第一線から退いて肩書がなくなれば、タダの人。現役時代と違って、周囲はちやほやしてくれない。ときには年寄り扱いされて、社会からの疎外感を感じることもあるだろう。そうした現役時代とのギャップが被害者意識を醸成して、他人への攻撃につながっていく。

迷惑行為を行う高齢者の存在が社会問題化して久しい。ご近所トラブルで刃傷沙汰になるのも、たいていは高齢者世帯だ。トラブルを起こす背景には、現役時代とリタイア後とのギャップから生じるイライラや不安があるが、成功した人ほどその落差は大きくなる。現役時代は自分を律することができた成功者も、この落差にやられて〝被害者ぶる人〟へと変貌してしまうケースがある。

これまで見てきたように、成功している人であっても被害者意識と無縁ではない。成功者と〝被害者ぶる人〟の差は紙一重。「この人は社会的に成功しているから、被害者意識など持つはずがない」と言って油断すると痛い目に遭う。

被害者意識の根っこにあるのは「自己愛」

被害者意識が強い人が置かれた状況は、一様ではない。職場や家庭で厳しい状況に追い込まれている人もいれば、逆に華々しい成功を収めている人もいる。社会的地位や収入がこうだから被害者のふりをする、と一概に決めつけるのは妥当ではない。

ならば、どのような人が被害者意識を膨らませやすいのだろうか。

キーワードは「自己愛」である。

同じ状況にいても〝被害者ぶる人〟とそうでない人がいるのは、この自己愛のレベルに個人差があるからだ。自己愛が強いほど被害者意識を膨らませやすく、周囲に混乱をもたらす。

それでは、なぜ自己愛が被害者意識につながるのか。

自己愛が強いほど、「自分はすごい」という「万能感」を抱きやすい。ところがほとんどの場合、中身は伴っていない。いわば自分に対する過大評価だ。

自分を過大評価している人は、本当は力不足の自分に気づきたくない。そこで行われるのが「否認」である。否認は、事実をごまかしたり否定したりすることによって、認めたくないものから目を逸らして心の平安を保とうとする、もっとも原始的な防衛機制の1つだ。

たとえば不都合な真実を突きつけられたときに、「そんなことは言ってない」「そんな話は聞いていない」とシラを切ったり、「記憶にない」「あなたの誤解ではないか」とはぐらかしたりするのは、否認という防衛機制のなせる業といえる。

強い自己愛の持ち主は、自分が抱いている自己愛的イメージが損なわれる事態に直面したときも、否認によってそういう事態から目を背《そむ》けようとする。

17世紀に『箴言集《しんげんしゅう》』を書いたフランスの名門貴族、フランソワ・ド・ラ・ロシュフコーは、自己愛を「この世でもっともずるい奴より、もっとずるい」と言った。強烈な自己愛の持ち主は、事実を捻《ね》じ曲げてでも自分の万能感を守ろうとするのである。

事実を捻じ曲げる方法の1つが、被害者のふりをすることだ。

たとえば受験で不合格になったとしよう。自己愛が強い子どもは、自分の頭がもともとよくないことや、勉強に取り組む姿勢に問題があったことを絶対に認めたくない。だから「学校の教え方が悪い」「塾に行かせてくれなかった親が悪い」「この受験制度では本当の実力を測れない」などと言って、まわりの人や社会のせいにする。

職場でも、自己愛の強い人は自分に非があることを認めようとしない。たとえ自分のミスでプロジェクトが失敗したとしても、それを認めれば、これまでの評価が過大だったと認めることになってしまう。そこで責任を他人になすりつけて、自分はその被害者だという構図をつくる。

私が定期的にメンタルヘルスの相談に乗っている金融機関でも、次のようなケースがあった。

入社10年目のある30代男性社員は、もともと対人接触が得意なタイプではなかったようだ。しかし、その金融機関では、ほぼ全員、最初は支店の営業からキャリアを積んでいく。営業はコミュニケーション能力を求められる仕事であり、対人接触に難がある人は結果を出しづらい。男性は仕事にストレスを感じたらしく、うつ病になって2回休職した。

うつ病で休職した社員に対して会社は配慮する義務がある。会社は男性を裏方の部署に配置転換した。その部署の主な業務は文書作成であり、対人接触は少ない。私から見ても妥当な措置だった。

ところが、この配転に男性は不満だったようだ。面談時、彼はこうまくしたてた。

「自分は単純作業をやるために金融機関に入ったわけではない。この異動で自分のキャリアは閉ざされた。異動を進言した上司が悪い！」

会社は男性のメンタルヘルスに配慮して極力負担の少ない部署に異動させたのに、男性は逆恨みして上司を非難したわけだ。

男性は自分をエリートだと思っているように私の目には映った。対人接触が苦手なのは明らかだったが、それを認めると自己愛的イメージが傷ついてしまう。だから、自己評価をキープするために、「キャリアに傷がついたのは会社や上司のせい」と責任転嫁して、自分のなかでつじつまを合わせたのだろう。

こうした言動の根っこにあるのは、「自分はすごい」という万能感である。自己愛がそれほど強くなければ「すごくない自分」を受け入れられるが、自己愛が強いとそれができない。そこが〝被害者ぶる人〟とそうでない人の分かれ目になる。

親の強い自己愛がコピーされる

それでは、どのような人が、強い自己愛を抱くのか。

自己愛の形成には、素因と環境の両方が関係すると言われている。

素因は生まれ持った遺伝的な問題であり、本人も含めて誰もコントロールすることはできない。一方、環境のほうはある程度コントロールが可能だが、本人が関与して環境を変えるのは難しい。

また、長年の臨床経験を踏まえての私見だが、自己愛の形成には素因より環境の影響が大きいように思う。被害者のふりをせずにはいられないほど強い自己愛を抱いている人は、そうなる環境で育ったがゆえに自己愛が膨らんでモンスターになった可能性が高い。

自己愛を形成する環境要因としてもっとも重要なのは、「親」だろう。自己愛の強い人は、自己愛の強い親に育てられていることが多い。自己愛の強い親は、自分の自己愛を子どもに投影する。ひらたく言えば、子どもは自分の分身であり、まるで自分を愛《め》でるかのように子どもを愛でる。蝶よ花よと過保護に育てられた子どもは、「自分はすごい」と思い込み、自己愛を肥大化させていく。

親が純粋に愛情を注ぐだけなら、まだいい。厄介なのは、自分の傷ついた自己愛を子どもに投影する親である。

イメージしやすいのは、漫画『巨人の星』に登場する星飛雄馬と、その父である星一徹だ。一徹は、巨人軍の選手だった。才能は豊かだったが、太平洋戦争に従軍して肩を負傷。才能を発揮できないままグラウンドを去った。一徹の自己愛は、ここでボロボロにされてしまった。

一徹は無念を晴らすために、息子の飛雄馬を猛特訓して一流のピッチャーへと育て上げる。一徹には飛雄馬にとっての幸せなど見えていない。自分の分身である飛雄馬が巨人の星になれば、自分の傷ついた自己愛を再生できる。そのために息子に過剰な期待を寄せ、スパルタ式で鍛えるのである。

たかが漫画とバカにしてはいけない。現実に、星親子さながらに親の期待を一身に受けて育てられる子どもは多い。元タレント志望の母親が子どもに子役オーディションを受けさせる例や、学歴がなくて苦労した親が子どもに小学・中学受験をさせる例はいくらでもある。

傷ついた自己愛の再生を子どもに託す親が、近ごろ、とくに目立つように見えるのは、時代も関係しているのだろう。経済が右肩上がりで成長していた時代は、親は自分のなりたいものになりやすかったし、たとえ挫折しても、別のことで成功を収めて、傷ついた自己愛を自分で再生することができた。

しかし、経済が停滞する時代に突入して、多くの親が自己実現をあきらめざるを得ない状況に追い込まれた。

自己実現をあきらめたからといって、いい暮らしができるわけではない。大切なものを犠牲にしたわりに得るものは少なく、「あのとき、あきらめていなければ」という後悔の気持ちがますます膨らんでいく。子どもに夢を託さなければ、親もやっていけない。

こうした親に育てられると、子どもも自己愛が強くなっていく。フランスの精神分析家、ラカンは、「人間の欲望は他者の欲望である」と言った。人は他者の欲望を取り込んで自分の欲望にするという意味だが、親子関係ではこの傾向が顕著になる。

子どもには「親に愛されたい、認められたい」という願望があり、親の期待に添う立ち居振る舞いを自然に身につけていく。その過程で、「うちの子はすごいはずだ」という親の期待を取り込んで、「自分はすごいはずだ」と自己愛を強めていく。

通常は成長の過程で、親の期待に応えることに一生懸命になっている自分に違和感を覚えるものだ。「本当の自分は何者なのか」「少なくとも自分は親の操り人形ではない」と疑問を覚え、親の欲望より自分の内発的な欲望に目が向いていく。

ところが、自分の欲望が親のコピーであることに気づかず、そのまま大人になる人もいる。親の期待通りに生きることに疑問を抱かなかった人や、疑問を抱いても打ち消して、我慢したまま成長した人である。こういう人は、「親の期待に応えている自分はすごい」と万能感を持ち続ける一方で、自分を衝《つ》き動かすのが内発的なものではないため、何をしても満たされない。

自己愛が強い人は自己評価を維持するために、あの手この手を使う。一見すると自信に満ち溢れてイキイキしているように見えるが、それは外側だけのことで、じつは虚しさを抱えながら生活していることが多い。

その点でも、傷ついた自己愛の再生を親から託された子どもには、同情すべきところがある。

学校は自己愛を矯正する場ではなくなった

自己愛が強くなった環境要因としてもう1つ見逃せないのが、学校である。

学校は、子どもが人生の初期に接する重要な社会の1つである。家庭内で多少おかしな育てられ方をしても、学校という場で世間一般の常識と出合って、常識はずれなところが矯正されていく。

たとえば学校では遅刻すると叱られる。時間にルーズな家庭で育った子どもも、遅刻を責められることで「遅刻は悪いことだ」という常識に気づいて、社会性を少しずつ身につけていくわけだ。

ところが、最近の学校は非常に防衛的で、「社会とはこういうものだ」という気づきを子どもにフィードバックする機能を失いつつある。子どもが常識外のことをしても個性として認める傾向が、最近の学校には強い。それが周囲に迷惑をかけるものであっても、学校はなるべく穏便に済ませようとして、キツく叱ったりはしない。その結果、過大な自己愛を抱いていても矯正されることなく、子どもは成長していく。

なかには自分はお客様だと勘違いしている子どももいる。親が「先生は私たちが払った税金からお給料をもらっている。だから、私たちに奉仕して当然だ」と言うのを聞いて、「消費者」がサービスを受けるのと同様の態度で学校に通う。

とくにひどいのは、教育に独自色を出しづらい公立学校だろう。私立学校には学校の理念があり、それにそぐわない子どもにはお引き取り願う場合もある。しかし、より公共性の高い公立学校はそうもいかず、手に負えない子どもを退学処分にすることもできない。

小中高の公立学校の病気休職者のうち6割以上が心の病という統計データがある。これは、もはや教師は尊敬される職業ではなく、奉仕を強要されるストレスフルな職業になったことを示しているのではないか。

もちろん私立学校も昨今の流れと無関係ではいられない。私立の場合、授業料のやりとりが直接的に発生するので、サービス提供者とお客様の関係になりやすい。進学校では力関係が逆転することもあるが、多くの学校では、少子化の影響で入学者の確保が重要な経営課題になっている。学校を存続させていくためには、保護者や子どもに対して腰を低くせざるを得ない。

学校でも肥大化した自己愛を矯正されなかった子どもたちは、就活を始めたり、実際に会社に就職したりしてようやく社会と出合う。会社に入ると、こんどはお客様にサービスを提供する側へと立場が180度変わる。そこで職場不適応を起こして、早い場合は4月の入社から1か月も経たないうちに精神科に「診断書を書いてほしい」と駆け込んでくる。もちろん昔から五月病はあったが、最近はとくに増えた印象だ。

社会に出ても「お客様」のままの人たち

社会に出て適応障害を起こす人がいる一方で、社会に出てもお客様のまま居直ろうとする人たちもいる。最近はどの職場も人手不足で、求職者の売り手市場だ。そうした力関係を背景にして、「労働市場において自分はお客様。会社は自分を丁寧に扱うべきだ」と主張する。

労働者が丁寧に扱われる社会は、労働者が不当に扱われる社会より健全だ。ただ、それにしても限度はある。

たとえば医療現場も、いまは昔と大きく様変わりした。大学を卒業した若手医師は、まず研修医として勤め、経験を積む。かつて研修医は、自分の腕を磨くために積極的に仕事を買って出ていた。私自身もそうで、研修医時代はかなりハードな毎日だったが、働かされているという感覚はなく、自己成長のために能動的に働いていた。

しかし、最近の研修医は受け身で、指導医が何か指示をしないと動かない。わからないことがあっても自分からは質問せず、手取り足取り教えてもらうのを待っている。学生時代のお客様気分がまだ抜けていないように見える。本来、学生も能動的に学ばなくてはいけないはずだが、医学部の教授になっている同級生に聞くと「最近の学生は受け身」という答えが返ってくる。

似たようなことは他のさまざまな職場でも起きていると聞く。社員自身がお客様化して、会社に迷惑をかける。

ちなみに近ごろ受け身の人が目立つのは、まわりが過剰サービスで手取り足取りやってあげることだけが原因ではなく、本人の自己愛の問題も大きい。

強い自己愛の持ち主は、自分が傷つくことを極端に恐れる。一方、コミュニケーションには誤解や行き違いがつきものであり、人と交わればときに何らかの傷を負うことは避けられない。それゆえ強い自己愛の持ち主のなかには対人接触を苦手とする人もいる。受け身なのは、自分から人と関わった結果、傷つくことになるのを恐れているからだ。

コミュニケーション能力は、他のスキルと同じように訓練して経験を積むことで磨かれていく。しかし、受け身でいるとコミュニケーション能力を磨く機会が少なく、いつまで経っても対人接触への苦手意識を払しょくできない。そのため、人の助けが必要な場面でも、それを求めることを躊躇して、ますます窮地に陥る。

たとえば、何らかの事情で子どもの面倒を少しだけ見てもらいたいとき、コミュニケーション能力の高い人なら、親戚や知人、近所の人に気軽にお願いすることができるだろう。しかし、対人接触が苦手な人はそれがままならない。そして、自分が割りを食っている感覚、つまり被害者意識につながっていく。

本当はもっと若いうちから積極的に人と関わり、傷つきながらコミュニケーション能力を磨いていったほうがいい。コミュニケーションして他人の協力を得ることができれば、解決不可能に思える難題にも解決の糸口が見つかることが多い。そうすれば、余計な被害者意識を持たずに済むはずだ。

学校が変質した原因も親にある

ところで、なぜ学校がサービス業になってしまったのだろうか。

鍵を握るのは、親の自己愛である。子どもに自分の自己愛を投影している親は、我が子に〝パーフェクトチャイルド〟の幻想を抱いている。パーフェクトでなければ、自分の自己愛まで傷ついてしまうからだ。

そのため、子どもがパーフェクトでいられるように徹底した配慮を求めるし、もし何か傷がついた場合は学校にその責任を問い、「うちの子に傷がついたのは学校のせいであり、子どもや親のせいではない」と自己愛を守ろうとする。こうした親の圧力にさらされて、学校は子どもに過剰なサービスを提供するようになった。それと同時に防衛的になってしまったのだ。

中学生の息子がいる知人女性から聞いた話だ。彼女は働いており、息子の登校時間より早く出勤のために家を出る。

ある日、会社につくなり携帯電話に学校から連絡が入った。息子が登校中に事故にでも遭ったのかと思って慌てて耳を傾けたら、息子がまだ登校していないという連絡だった。時計を見ると、登校時間を5分過ぎたところ。それくらいで怒られるのかと覚悟を決めたが、受話器の向こうの教師は、「いや、何かあったら大変だと思いまして」と、むしろこちらを心配する様子だった。怒られると思っていた彼女は平謝りするとともに、親以上に過保護な学校の姿勢に驚いたという。

わずかな時間の遅刻でも学校が親に確認を取るのは、おそらく過去にそうした連絡をしなかったばかりに逆に親からクレームを受けたことがあるからだろう。教師も本音では5分程度の遅刻で騒ぐ必要はないと考えているはずだ。しかし、それでは我が身を守れないので、予防的に電話をするのである。

もちろん学校に文句を言う親のすべてがいけないとは思わない。たとえば我が子がいじめに遭っていたなら、むしろ親は子どもを守るために積極的に学校に対応を求めるべきだ。しかし、最近はいじめている側の親が「うちの子はそんなことをしていない」「いじめられる側に問題がある」「子どもがすること。きちんと管理できない担任が悪い」などと文句をつけるらしい。これでは学校が防衛的になるのも致し方ない。

自己愛が肥大化する環境要因として「親」と「学校」の2つをあげたが、もとをただせば、学校が変質したのも親たちの強い自己愛が原因だ。親の影響はじつに大きい。

自己愛性パーソナリティ障害は治らない

〝被害者ぶる人〟とそうでない人を分けるのは、自己愛の強さだ。ただ、根底にある原因がわかったとしても、私たちにできることは多くない。一度肥大化した自己愛は、そう簡単に元に戻らないからだ。

強い自己愛の持ち主が、対人関係や社会適応がうまくいかず悩んでいる場合、「自己愛性パーソナリティ障害」の診断基準に該当する可能性が高い。

自己愛性パーソナリティ障害で〝被害者ぶる人〟の問題は、大きく2つある。

1つは「病識」がないこと。病識とは「自分は病気にかかっている」「障害を持っている」という自覚のことだが、〝被害者ぶる人〟の多くは自分が自己愛性パーソナリティ障害だと認識していない。何かしらの生きづらさがあったとしても、それは自分のせいではなく、まわりのせいだと考える。自分を省みることがないので、自己愛は肥大化したままだ。

もう1つは、そもそもパーソナリティ障害は治療できないという点である。うつ病のような病気であれば、薬物治療やカウンセリングによって症状をある程度改善できる。しかし、パーソナリティ障害は人格のゆがみであって、病気ではない。いわば癖や性格のようなものなので、薬物治療やカウンセリングでどうこうできるわけではない。

被害者ぶる行為が一時的にやむことはある。たとえば上司をターゲットに被害者を装い、その結果上司が更迭されれば、しばらくは大人しくしているだろう。しかし、だからといって自己愛そのものが弱まったわけではない。強い自己愛を守るために、こんどは新しい上司をターゲットにする可能性が高い。

このように、同じようなことを無意識のうちに繰り返す現象を、精神分析では「反復《はんぷく》強迫《きょうはく》」と呼ぶ。根本にある自己愛の強さは変わらないので、反復強迫によってまた自分が被害者であるかのように装う。

反復強迫で被害者のふりをする人たちを、変えることはできない。こちらが変えようと努力しても、徒労に終わるか、逆恨みされるだけだ。私たちにできるのは、そうした人たちに対応して自分の身を守ることだけである。

では、どうすれば〝被害者ぶる人〟の攻撃から自分を守れるのか。そのテクニックを次章で見ていこう。

第5章

〝被害者ぶる人〟から身を守れ

厄介な相手と認識させる

もし自分が〝被害者ぶる人〟のターゲットにされて、加害者に仕立てあげられそうになったらどうすべきか。

まずやってほしいのは「反論」である。たとえば「あなたのミスで、こちらまで被害を受けた」と主張されたとする。相手の言うことが全面的に正しいなら、素直に謝ればいい。しかし、まったくの事実無根だったり、誇張されている部分があったりしたら、面と向かって反論しよう。

「私のやったことがあなたの仕事に影響を与えたとは思いません。何かの誤解ではないですか？」

実際のところ、こうして反論しても〝被害者ぶる人〟が主張を引っ込める可能性は低い。いくらこちらの主張が論理的に正しくて客観的な裏付けがあったとしても、自己愛を肥大化させている相手は否認して、ごまかすだけだからである。

では、議論にならないとわかっているのに、なぜ反論するのか。それは「私は与《くみ》しやすい相手ではない」「私に絡むと、痛い目に遭うのはあなたのほうだ」というメッセージを言外に伝えるためだ。

〝被害者ぶる人〟が狙い撃ちするのは、〝弱い人〟だ。具体的には、性格的に大人しくて従順な人や、職場や家庭の人間関係で自分より立場の弱い人がターゲットになる。

たとえば性格的に大人しい人は、他人からどのように見られているのかをいつも気にしており、いい人を演じようとする。また、ストレスに弱く、不和や葛藤をできるだけ避けようとする傾向が強い。

このようなタイプは、責任転嫁の相手としてうってつけ。責任をなすりつけても、騒ぎ立てるどころか、利己的だと思われたくなくて寛大な態度で受け止めてくれることもある。被害者のふりをしたいときに安心して責任転嫁できる相手である。

同じく、職場や家庭などの狭いコミュニティで弱い立場にいる人も狙われやすい。たとえば、上司と部下なら部下、先輩と後輩なら後輩、家族間なら子どもや高齢の親など、生《せい》殺与奪《さつよだつ》を握られている側が、ターゲットになる。

また、普段は強気で鳴らしている人、生殺与奪の権利を握る側にいる人が何かしらの弱みを抱えたときも、〝被害者ぶる人〟はそれを敏感に嗅《か》ぎつけて近寄ってくる。そして、逆転した力関係を楽しむかのように、「いままで言えなかったけど、この人から被害を受けていた」と、ここぞとばかりにいじめようとする。

〝被害者ぶる人〟が弱い人を狙う理由は単純だ。相手に反撃する力がなく、好きなだけ被害をでっちあげたり誇張したりすることができるからだ。要するに与しやすい相手を選んでやり玉に挙げるのだ。

〝被害者ぶる人〟は誰彼かまわず攻撃しているように見えるが、じつはそうではない。責任をなすりつける候補を見つけたら、まず軽く攻撃して様子を見る。攻撃を仕掛けても相手が反撃してこなければ、攻撃をさらにエスカレートさせる。こちらが殴っても殴り返してこない相手だと確認してから、本格的な攻撃へと移っていく。

〝被害者ぶる人〟から狙われたら、泣き寝入りせずにきちんと反撃する姿勢を、早い段階で示したほうがいい。反論することで、「これ以上つけいらせないぞ」という意思表示になる。議論で負かすことが目的なのではなく、相手に「こいつをターゲットにするのは危険だぞ」と思わせるために反論するのである。

とくに普段から大人しい性格だと思われている人や、職場や家庭で弱い立場にいる人ほど、はっきりと反論すべきである。予想外の反撃に相手は逆上するかもしれないが、反撃しなければ、相手はますますつけあがるだけだ。エスカレートする一方の攻撃に晒され続けるくらいなら、トラブルになってもいいから早い段階で歯止めをかけたほうが傷は浅くて済む。先延ばしにせず、その場で反論するのが肝要だ。

敬語で自分の身を守る

〝被害者ぶる人〟から攻撃を受けたら、エスカレートする前にすかさず反論することが大切だ。ただ、〝被害者ぶる人〟を相手にするときはやみくもに反論してはいけない。やり方を間違えると、かえって火に油を注ぐことになる。

反論するときは、乱暴な言葉を使わず、礼儀正しさを前面に押し出すことを徹底したい。

たとえば、次のような言い方で声を荒らげてはいけない。

「ウソをついているのはおまえじゃないか！　とぼけるつもりか？」

「ミスを私のせいにするな。失敗したのは、おまえがバカだからだ」

このように乱暴な言葉遣いで問い詰めると、最初の問題はいったん棚上げされて、「ひどい言い方で脅された」「誹謗中傷されて傷ついた」と、被害者のふりをする材料を新たに与えてしまう。これでは逆効果だ。

反論時の言葉遣いは、丁寧なほどいい。

「何か記憶に間違いがあるのではないですか」

「私は自分の仕事を100パーセントこなしました。結果が出なかったのは、あなたの行動に問題があったからでしょう」

内容は辛らつだが、このように丁寧に伝えれば、少なくとも言葉尻をとらえられることはない。〝被害者ぶる人〟は新たに被害者を装う材料をつねに探しているので、こちらが丁寧な言葉遣いをする必要がある。そうすれば、反撃しつつ守りを固められる。

自分の部下など、相手が自分より弱い立場にいる場合でも、丁寧な言葉遣いを心掛けたい。反論するときだけ敬語では不自然なので、普段のコミュニケーションから敬語を使うといいだろう。

敬語なんて堅苦しいと考える人がいるかもしれないが、敬語は危険物を触るときの手袋のようなものだ。〝被害者ぶる人〟は取扱注意の危険物であり、素手で触るとケガをする。かといって無視するわけにもいかない。その点、敬語は相手との間に適度な距離感をつくってくれる。堅苦しくて近寄りがたい印象を与えるからこそ、〝被害者ぶる人〟から自分を守る鎧《よろい》になる。

もちろん言葉そのものが丁寧でも、声が威圧的だったり、怒りが前面に出た表情だったりすると、相手に被害者を装う材料を与えてしまうおそれがある。

できれば、気持ちもクールダウンさせておくことが大切だ。いったん心を落ち着けて反論内容を検討すれば、論理的な間違いを防ぐこともできる。反論はできるだけ早いほうがいいが、冷静さを欠いたまま反論すれば墓穴を掘りかねない。予想外の攻撃を受けて動揺したら、いったんその場を離れて、頭を冷やしてから反論を試みたほうがいいだろう。

〝被害者ぶる人〟と一対一になってはいけない

〝被害者ぶる人〟とのトラブルで怖いのは、「言った」「言わない」の水掛け論だ。〝被害者ぶる人〟は、被害を演出するために「あなたの指示で失敗した」「暴言を吐かれた」などと、話をねつ造したり盛ったりすることがある。それに対して「いや、そんな指示を出した覚えはない」「暴言なんて吐いてない」と言っても埒《らち》が明かない。存在しないことを証明するのは事実上、不可能であることを「悪魔の証明」というが、「言ってないこと」を証明するのも不可能に近いからだ。

本来は「言われた」と主張するほうが被害を証明する必要がある。しかし、〝被害者ぶる人〟にそうした理屈は通用しない。被害を受けた自分こそが証人であり、それで十分ではないかという態度で押し通そうとする。

かくして「言った」「言わない」の水掛け論が始まり、加害者ではないことを証明できずに相手の術中にハマっていくのである。

これを防ぐ対策は2つある。

まずは相手と一対一にならないこと。とくに密室での一対一は避けること。必ず第三者がいるところで話せば、トラブルになったときに真実を知る証人を確保できる。また、第三者がいれば話のねつ造が難しくなるので、抑止力としても働くはずだ。

最近、セクハラやパワハラ対策として、会議室をあえて外から見える設計にしたり、扉を開けたままにしたりする会社が増えてきたという。こうした対策はセクハラやパワハラ被害の防止につながるだけでなく、それらのハラスメントにまつわる冤罪《えんざい》の防止にも役立っている。〝被害者ぶる人〟とのコミュニケーションも同様だ。密室空間でふたりで話さないことが、潔白を証明する何よりの対策になる。

もう1つの対策は、周囲との人間関係をよくしておくことである。〝被害者ぶる人〟と一対一にならないことに成功したとしても、〝被害者ぶる人〟はそのこと自体を否定して、「あのとき少しだけ呼び出された」などと話をつくるおそれがある。また、密室でふたりにならなくても、オープンスペースで一緒になり、周囲にたまたま誰もいなかったという状況もありうる。その瞬間をとらえて「廊下ですれ違いざまに暴言を吐かれた」などとウソをつかれる可能性もある。

結果として「言った」「言わない」の水掛け論になったとき、その場を左右するのは周囲の人たちのジャッジだ。〝被害者ぶる人〟の主張がもっともだと周囲の人たちが判断すれば、こちらが不利な立場に追い込まれる。逆にこちらの主張に説得力があると判断されれば、〝被害者ぶる人〟が窮地に陥る。

真実がどこにあろうと、結局、周囲の人たちがクロと言えばクロ、シロと言えばシロとなりやすいのが日本社会だ。だから、〝被害者ぶる人〟から自分を守るには、陪審員さながらの周囲の人たちから何としても支持を得る必要がある。

残念ながら、アピール合戦で〝被害者ぶる人〟に勝つのは容易ではない。〝被害者ぶる人〟は小芝居がうまく、人の心をつかむ術を心得ているからだ。若い女性社員が目を潤ませて「課長に罵られました」などと言えば、たいていのオジサンたちは騙《だま》されてしまう。〝被害者ぶる人〟のプレゼンのうまさの前には、こちらの正論など霧散《むさん》するだろう。

では、どうすればいいのか。大切なのは、普段から周囲の人たちとコミュニケーションをしっかり取って、信頼感を醸成しておくことだ。誠実で信頼できる人物だという評価が固まっていれば、小手先のプレゼンに頼らなくても、周囲は「あの人がそんなことを言うはずがない」と味方になってくれる。

無論、このような人物評価を築くのは簡単ではない。普段、他の人に暴言を吐いたり、結果が出ないときに機嫌の悪い顔を見せたりしていると、逆に「あの人なら言いかねない」と思われてしまう。

忘れてはならないのは、信頼に足る人物だという評価を築く以外に、〝被害者ぶる人〟のアピール力に対抗する術はないということだ。つねに品行方正でいるのは大変だが、できるだけ普段から襟を正した立ち居振る舞いを心がけるべきである。

負担をひとりに押しつけてはいけない

職場に〝被害者ぶる人〟がいてみんなに迷惑をかけているなら、組織的に対応することも検討したい。〝被害者ぶる人〟の扱いを、たとえばマネジャーひとりに押しつけると、そのマネジャーがつぶれかねない。マネジャーは悪くないと周囲が理解していても、〝被害者ぶる人〟からターゲットにされただけで疲弊してしまう。そのせいでマネジャーが休職に追い込まれようものなら損失は大きい。個人に任せるのではなく、組織的な対応をすることでダメージを最小限にすべきだろう。

といっても、みんなで寄ってたかって〝被害者ぶる人〟をやりこめるというやり方は逆効果だ。しおらしく反省するどころか、「職場で陰湿なイジメに遭っていて、つらい」などと訴えて、ますます自分が被害者であるかのように装うことが目に見えているからだ。

組織的に対応するなら、人事異動を活用したい。〝被害者ぶる人〟が騒ぎ立てて職場の和を乱すようになったら、他の部署に異動させるのだ。

精神科では、医師に執拗《しつよう》な抗議やクレームを繰り返したり、他の患者と頻回にトラブルを起こしたりする患者を、他の病院や診療所に紹介することがある。はっきりいえば、たらし回しだ。

無責任だと思われるかもしれないが、患者自身が信頼できない医師のもとで無理して治療を続けると、症状がさらに悪化するおそれがある。新たな場所、新たな医師のもとで治療を受けるのは患者のためなのだ。

残念ながら、問題行動のある患者は、転院しても大きく変わらない。しばらく大人しくしているかもしれないが、慣れてくるとまた問題行動を起こすようになる。そのときはまた他の病院や診療所に移す。結局、同じことの繰り返しになるが、症状が悪化し続けるよりはいい。根本の性格が治らない以上、対症療法で騙し騙しやっていくしかない。この手法は「チームワーク医療」と呼ばれており、精神科の臨床ではごく普通に行われている。

被害者のふりをして誰かを攻撃する人が職場にいるなら、チームワーク医療と同じように、騒ぎを起こすたびに部署を替えてみてはどうだろうか。

そのとき攻撃している相手から物理的に引き離してしまえば、矛を向ける先を失ってひとまず大人しくなるはずだ。異動先でまた誰かをやり玉に挙げるかもしれないが、そのときはまた他の部署に異動させればいい。小さな会社では繰り返し異動させるのは難しいが、ひとりだけの営業所をつくるなどの荒業もある。とにかく職場の人間関係を固定化せずに切り離すことが大事だ。

異動させる目的は、〝被害者ぶる人〟を一時的に大人しくさせることだけではない。重要なのは、〝被害者ぶる人〟との接点を社内のみんなで分担して、ひとりだけに負担が集中するのを防ぐこと。〝被害者ぶる人〟への対応は骨が折れるが、大きなトラブルになる前に異動させれば、巻き込まれた人のメンタルヘルスも守れるだろう。

日本の法律では、みんなに迷惑をかける社員だからといって解雇するのは難しい。また、無理に解雇すれば、〝被害者ぶる人〟にさらなる攻撃材料を与えるだけだ。じつは配置転換の権利も濫用してはいけないが、解雇するよりずっとハードルは低い。心配な人は、会社の法務部や弁護士と相談のうえで判断するといいだろう。

頼られても突き放す冷酷さが必要

〝被害者ぶる人〟への最善の対策は、なるべく近寄らないことである。

こちらが神経を使って接していても、〝被害者ぶる人〟はささいなことに目を留めて、「あのせいで自分はつらい思いをした」と騒ぎ立てる。騒がれたらエスカレートさせないように反論することが大切だが、反論には多大なエネルギーを必要とする。因縁をつけられる前に予防するのが理想であり、そのためにはできるだけ相手との接点を減らして攻撃材料を与えないことが肝要だ。

友人関係なら、関係を断つこと。もともと友人だからといって、ずっと友人でいなければいけないわけではない。〝被害者ぶる人〟は、「友達なら頼みを聞いてくれてあたりまえ。それなのに断るなんてひどい」と、友人関係であることを利用して攻撃してくる。ときには「友人だから本音が言える。あなたのここがダメだ」と、友人であることを不当な攻撃の免罪符にすることさえある。このように都合よく持ち出される友人関係ならば、ないほうがマシだ。

相手に悪意がなく、こちらを信頼して頼り切っているような関係でも、切るときは遠慮してはいけない。

ある知人女性は、仕事で知り合った人からプライベートのことも含めてさまざまな相談を受けていた。プライベートのことまで相談に乗るのは面倒だったが、「こんなことを相談できるのはあなたしかいない」と頼られることに対して誇らしい気持ちもあり、何かと世話を焼いていた。

しかし、仕事が忙しくて相談メールをしばらく放置したら、相手の態度がガラリと変わった。「返事をくれないのは冷たい」「私はあなたのために時間をかけてメールを書いたのに」などと恨みつらみを長文メールにしたためてきたのだ。

それまでつねに相談を持ち掛けてきたのは相手のほうで、女性からアプローチしたことは一度もない。それなのに、これまでの恩を忘れて逆に怒りをぶつけるのだから理不尽極まりない。

この人は「境界性パーソナリティ障害」の可能性が高い。人間は誰しも不安や葛藤を抱えているが、そうした感情は通常、本人の胸の内で処理されて、あからさまに表に出てくることはない。ところが、境界性パーソナリティ障害の人は不安や葛藤を自分のなかで処理することが苦手で、思考や感情、行動が不安定になる。たとえばさっきまで笑っていたかと思うと急に泣いたり怒り出したりする。また、リストカットして周囲を驚かせたり、不安から逃れるためにお酒や薬物にハマったりすることもある。

境界性パーソナリティ障害の人とつきあうと、とにかく振り回される。知人女性の場合のように、それまで良好な関係だったのに、突然逆ギレされて攻撃されるのは日常茶飯事だ。向こうが怒っているのでもう関係が切れたのかと思いきや、何事もなかったようにまた甘えてくることもある。反省して心を入れ替えたのかというと、それも違う。また何かのきっかけで態度を豹変《ひょうへん》させて、〝被害者ぶる人〟に早変わりするのだ。

これではこちらの身が持たない。頼ってくるときには弱々しい素振りを見せるので、何とかしてあげたくなるかもしれないが、同情は禁物。特別な覚悟がないかぎり、関係を切ったほうがいい。

境界性パーソナリティ障害の人ばかりではない。友人関係につけこんで接近してきたくせに、何かあると被害者面《づら》をして非難してくる人とつきあっても、いいことは何もない。関係をきっぱり清算しよう。

友人関係を、恋人や夫婦関係に置き換えても同じことがいえる。

夫婦なら、関係が泥沼化する前に清算することが理想だ。いったん泥沼化すると、第3章で取り上げた松居一代氏のケースのように自爆型の攻撃をされてしまう。普段の生活で、相手の被害者意識が強いと感じる場面が目立つようになったら、具体的なトラブルが起きる前に離婚したほうが身のためである。

さらに親子関係で迷惑をかけられている場合も、関係を遠慮なく切ってしまえばいい。一般的に親子関係は友人関係より濃厚だ。そのため「血がつながった親子なのにひどい」という罪悪感をかき立てる言葉で、関係を利用されやすい。こうした親子関係にからめとられて疲弊している人も多いが、遠慮する必要はない。戸籍上の関係を切ることはできないが、それはあくまでも書類上のこと。家を出て連絡を絶ってしまえば、親子でも関係は清算できる。

職場では、全員と適度な距離を保つ

友人関係などプライベートの関係は、自分の意思で解消することが可能だ。問題は、職場の人間関係。同じ職場にいれば顔を合わせないわけにいかないし、仕事上のやりとりで会話しなければいけないことも多いだろう。相手が危険人物だからといって、接点を持たないようにするのは不可能に近い。

職場に〝被害者ぶる人〟がいるときに取りうる戦略は1つだけ。必要最低限の場面以外は、接点を持たない。これを徹底するしかない。

たとえば関係をよくしようと世間話をするのは避けたほうがいい。とくに注意したいのはプライベートの話題だ。

「最近、奥さんは元気にしているか？　家族のためにしっかり結果を出さないとな」

部下との雑談のなかで何気なくこう聞いただけでも、それが被害者のふりをする口実を与えることがある。じつは部下は家庭がうまくいっていなくて、ストレスを溜めているかもしれない。そんなときに妻の話題を持ち出されると、

「夫婦喧嘩が絶えないのは、上司が残業させて帰りが遅くなるから。残業させている張本人が偉そうに説教するなんて許せない！」

と火をつけかねない。

プライベートの話題は人間関係の潤滑油になりうるが、同時に前述のようなリスクをはらんでいる。基本的に業務とは関係のない話なので、プライベートに触れなくても仕事に支障が出ることはないはずだ。

仕事がらみの世間話も、できるだけ避けるべきだ。たとえば「誰が出世した」という類《たぐ》いの人事の話は盛り上がるが、人事の話はデリケートなところがあって、笑って聞いていたのに内心では傷ついていたということがありうる。そんなことで人の恨みを買うのはバカらしい。仕事に絡む話であっても、余計なことは口に出さないことが大切だ。

〝被害者ぶる人〟とのコミュニケーションは、会議などのオフィシャルな場で行うのが基本だ。それ以外は接点を極力持たないほうがいい。どうしてもコミュニケーションを取る

必要があるなら、メールで用件だけを簡潔にやりとりする。飲みニケーションなどアフターファイブのつきあいはもちろん、職場での立ち話も避けたほうが無難だ。

気をつけたいのは、〝被害者ぶる人〟以外への態度だ。〝被害者ぶる人〟とだけ接点を減らして、他の人とはアフターファイブも含めて普通にコミュニケーションを取っていると、〝被害者ぶる人〟はどのように感じるだろうか。おそらく「自分だけ仲間外れにされている」と疎外感を覚えて、被害者意識を募らせるはずだ。接点を減らすのは攻撃材料を与えないためだが、これでは接点を減らした意味がない。

〝被害者ぶる人〟との接点を減らすときには、〝被害者ぶる人〟だけが特別に遠ざけられているのではないという体裁を整えるために、他の人とも適切な距離を保っておこう。まわりに近寄りがたい印象を与えてしまうかもしれないが、夜の飲み会に参加しなくても仕事はできる。信頼感は、誠実な仕事ぶりや結果を残すことで手に入れればいいのである。

第6章

自分のなかの「被害者感情」をコントロールする方法

誰もが被害者意識を感じている

「〝被害者ぶる人〟たちは特殊な存在であり、普通に暮らしている自分は〝被害者ぶる人〟から迷惑をかけられることがあっても、逆に被害者のふりをすることはない」——。もしそのように考えているなら、認識を改めたほうがいいだろう。

被害者意識は、特別な人だけが抱える特殊な感情ではない。誰もが日常の些細なことで感じる、ごく一般的な感情である。いままで被害者のふりをしたことがない人でも、被害者意識が暴走して誰かを攻撃するようになる可能性はゼロではない。

私自身、本当に小さなことで「自分は被害者だ」と感じることもある。

たとえばファミレスに行き、呼び鈴を鳴らしたのに店員さんがなかなか来なかったり、自分のほうが先に注文したのに他の客の料理が先に出たりすると、「自分は正当な扱いを受けていないのではないか」という思いが湧いてきてイライラする。

大人なので、湧いてきた感情を直接表現するようなことはしない。冷静になれば怒りも収まるし、機嫌が悪くて怒りが収まらなかったとしても、せいぜい心のなかで毒づく程度である。ただ、自分のなかに湧いてきたこの感情が被害者意識であることは否定しようがない。

おそらく、似たような経験を多くの人がしているだろう。第2章でも指摘したように、格差が広がり、サービス業の従事者の割合が増えた現代は、被害者意識を抱きやすい時代だ。被害者意識を抱くこと自体はごく普通であり、多くの人はその意識をコントロールして〝被害者ぶる人〟になるのを防いでいるだけだ。

「いままでコントロールができていたから、今後も大丈夫」という考え方も危険だ。時代背景によって〝被害者ぶる人〟が目立ってきたように、今後、自分を取り巻く環境が変わると、我慢しきれないほどの被害者意識を抱えるようになる可能性は否定できない。

また、老いが被害者意識に拍車をかける場合もある。ある80代の男性は認知症になってから、同じく80代の妻に暴力をふるうようになった。認知症に伴う幻覚で、「妻のところに毎晩、男が通ってくる。自分は浮気されている」と嫉妬妄想を抱き始めたからだ。

この男性の場合は認知症が原因だったが、そうでなくても加齢とともに嫉妬妄想を抱き始める男性は少なくない。歳を取れば誰でも性的能力が衰える。妻を満足させることができなくなった不安から、嫉妬妄想を抱いて妻を攻撃するのである。

家庭内の話ばかりではない。中高年になれば若いころのように体が動かず、ストレスを感じる機会も増える。昔は自分より年上か同世代の人が社会の中心だったのに、いつのまにか自分より若い世代の人が重要な役職に就き、自分に対等の口をきいてくる。

中高年はこれまで積み上げてきたものがあるだけに、自尊心が強い。若造になめた口をきかれることにも年々、我慢できなくなる。

時が経てば外部環境は変わっていくし、自分の体や意識も変化していく。「いままで被害者意識を抑えていたから、これからも同じようにコントロールできる」という油断は大敵。自分もいつか〝被害者ぶる人〟になりうる、という自覚を持つことが大切だ。

頭がよくても感情を制御できるとは限らない

本来は客観的に状況を分析できるだけの頭脳を持った人でも、感情の制御ができなくなることがあるので要注意だ。

わかりやすいのは、秘書に吐いた暴言や暴力を暴露されて、自民党を離党し、最終的に選挙でも落選してしまった豊田真由子元衆議院議員である。彼女は、車を運転していた秘書に対して、後部座席から「このハゲー！」「違うだろー！」などと罵倒《ばとう》して、頭を数回にわたって殴ったと報じられている。

このような行動に走った背景を、本人は手記で次のように書いている。

「私は、今回のような形で叱責をすることはこれまで決して ありませんでしたが、残念なことに、Aさん（注：被害者の元秘書）は幾度となく、『わざとではないか』と思えるほど失敗を繰り返していました。お願いしていた仕事について『しました』と嘘をつき、直前になって『していません』と言うことも何度もありました」（『文藝春秋』2017年10月号「豊田真由子議員独占告白」）

つまり、もともと自分は秘書の無能ぶりに手を焼かされていた被害者であり、暴言や暴力はそれに耐えかねた結果だったというわけだ。これは〝被害者ぶる人〟の典型的な言い訳だ。選挙民もそのあたりは見抜いていたようで、次の選挙では得票数が大幅に減り、選挙区（埼玉4区）に立候補した5名の候補者のうち最下位だった。

注目したいのは、豊田真由子氏の経歴だ。中高は女子御三家の1つと言われる桜蔭で、大学は東大法学部。卒業後は厚労省に入省して、のちにハーバードの大学院にも留学している。非の打ちどころがない経歴で、まさしく才女である。

これくらいの学歴を持つ人なら、物事をロジカルに考えられるはずである。暴言を吐いたり暴力をふるったりすればどのようなリスクがあるのか、計算できないはずはない。

ところが彼女は、「被害者ならば暴言を吐いたり暴力をふるったりしてもいい」と錯覚し、暴走してしまった。頭のなかではそれが危険なことだと理解していたのかもしれないが、ブレーキが利かなくなったのである。

彼女が暴走したのは、精神的な「幼児性」が抜けきっていなかったからだろう。精神的幼児性の強い人は、目の前の現実を受け入れられず、自分の都合のいいように解釈する。つまり「現実否認」である。

彼女は暴言や暴力のリスクを認識していたに違いないが、一方では、その幼児性ゆえに暴言や暴力のリスクを否認して、「自分なら何をしても許される」と勘違いした節がある。

こうした勘違いは、頭の良し悪しと無関係だ。普段は合理的に物事を考えられる人でも、ときに感情のコントロールができなくなり、被害者のふりをする場合がある。「自分はバカじゃないから大丈夫」と考えている人も自戒を忘れてはいけない。

怒りを感じたら、10秒数えるといい

もし被害者意識がむくむくと頭をもたげてきたら、いったいどのように対処すればいいか。基本として、**冷静さを取り戻し、客観的に状況を見つめ直すこと**が大切だ。

まず自分が「被害」だと思っているものは、まわりから見ても被害と言えるのか。何かしらの被害があったとしても、それは苦情を言うに値するものなのか。ここで周囲とズレがあると、被害を訴えた側がクレーマー扱いされてしまう。

結果を予測することも大切だ。被害をまわりにアピールしたら、状況は本当に改善されるのか。むしろ、こちらの立場が悪くなる可能性はないのか。また訴えるにしても、やり方を間違えると主張が認められないのではないか。

被害を訴えるのは、そういった疑問を一つひとつ検証してからでも遅くない。

結果を予測した結果、自分にプラスはないとわかれば行動にブレーキをかけやすい。スポットライト型やリベンジ型の人はそれでも暴走するおそれがあるが、利得が目的のメリット型の人にはとくに有効だろう。

問題は、頭に血がのぼっているときに、いかに冷静さを取り戻すかだ。

私が実践しているのは、**数を数えること**である。たとえば接客に不満を感じて文句を言いたくなったら、何か言葉を発する前に、とにかく頭のなかで「1、2、3、4……」と数を数えるのだ。

突発的な怒りは、感じた瞬間が最大のピークになる。あとは時間の経過とともに、怒りのレベルが下がっていく。数を数えるのは、時間を稼ぐため。数秒でも時間を置けば、怒りのエネルギーがマックスの状態から徐々に減少する。

時間稼ぎの最中は、できるだけ頭を使ったほうがいい。論理的思考や計算などをすると、脳の前頭葉が活発になって理性的になれる。かといって、怒りの感情が湧いてきた瞬間にクイズをやるような余裕はない。そこで、シンプルに数を数えるわけだ。

一般的に、怒りを感じたときは6秒数えてから次の行動に移るといい、と言われている。私の場合、それでは足りない自覚があるので、10秒数えることを自分に課している。早口では意味がないので、深呼吸して意識的にゆっくり数える。

そうすると、被害者意識そのものが収まることが多い。たとえ我慢しきれずに被害を訴えるにしても、波風が立たないように理性的な言い方ができる。

「私のほうが先に料理を注文したのに、なぜ他の客が先なのか！」

と怒るのではなく、

「すいません、料理の注文がきちんと通っているのか確認したいんですが、オムライス、入ってます？」

と声をかければ、おそらく店員さんもムッとしない。目的は早く料理を出してもらうことなのだから、後者のアピールで十分に目的は達せられるはずだ。

怒りを翌日に持ち越したときに何をするか

突発的に怒りを感じても、何らかの事情により、すぐには怒りを相手にぶつけられないシチュエーションもある。たとえば相手が目の前にいなくて翌日にならないと連絡がつかないとか、会議などの公衆の面前で恥をかかされたが、その場では発言権がなくて何も言えないケースなどが考えられる。

この場合も、**なるべく時間稼ぎをすること**がクールダウンにつながる。フリーランスで仕事をしている知人は、ある取引先から「営業上の秘密を外に漏らしたのではないか」とあらぬ疑いをかけられた。身に覚えのないことなので当然のように怒りを感じた。それと同時に、「安い報酬で請け負ったのに、言いがかりをつけられるなんて」と、もともと納得していたはずの契約内容まで不満に思えてきた。知人は我慢できなくなり、潔白を主張するとともに、契約破棄まで匂わせる内容のメールを書いた。これを送信すればトラブル必至だっただろう。

しかし、知人は書いたメールをすぐには送信せず、翌日まで下書き状態のまま放置しておいた。一晩経って読み返すと、さすがに自分が感情的になっていることに気づいた。営業上の秘密を漏らしていないことはきちんと伝えなくてはいけないが、その問題と関係のないことにまで文句をつけるのは過剰に被害者を装う行為である。そこに自分で思い至り、文面を丁寧に書き直したうえで送信した。その結果、誤解は解けて、いまも仕事上のつきあいが継続しているという。

突発的な怒りをすぐに相手にぶつけられないときは、むしろチャンスだと考えよう。一刻も早くぶつけるのではなくて、時間を味方にして冷静さを取り戻すのだ。

冷静さを取り戻すのに私がおすすめするのは、**手を動かす作業**である。たとえばプラモデル作り、料理、編み物などだ。私はやっていないのでわからないが、スマホでゲームをするのもいいかもしれない。

これらの指先を使う作業は、単に数を数えるより、ずっと頭を使う。また、プラモデル作りや料理などは工程が複雑で、集中力を要する点もいい。単にボーッとしているだけだと、被害を受けたことを何度も思い出して怒りの感情を再生産しかねないが、何かしらの作業に没頭していれば余計なことを考える余裕がなくなり、被害体験を反芻《はんすう》しなくて済む。

自分が受けた被害について考える必要があるなら、この時間を利用して**第三者の意見を聞いてみる**といい。自分は被害者のつもりでいるが、客観的に見ればそうではない場合も多いからだ。

意見を聞く相手は、予断を持ちやすい関係者より、利害関係がなく事情もよくわかっていない外部の人がベターだ。また、こちらの思いを忖度《そんたく》して耳に心地いいことを言ってくれる相手はよくない。本当は過剰に反応しているだけの可能性があるのに、こちらの顔色をうかがって正しい指摘をしてくれないとしたら、相談したことがむしろマイナスに働くだろう。

具体的には、部下や年下の友人、子どもなど、自分の強い影響下にある人ではなく、上司や先輩、親など、厳しい指摘を遠慮なくできる立場にいる人に意見を聞いたほうがいい。社外に信頼できるメンター（助言者）がいれば理想的だ。いつでも相談できるように、普段から関係構築をしておこう。

「どうせ罰が当たる」と思い込む

怒りを抑える考え方についても話しておこう。

私は誰かのせいでつらい目に遭ったら、相手に対して「あのようなひどい人物は、どうせそのうち自滅する」と考えるようにしている。

被害に遭うと加害者にリベンジしたいという欲求が生まれる。しかし、実際に直接リベンジすると、こんどはこちらが加害者になって、相手に「正義」という名の強力な武器を与えてしまう。

だから、まず自分で直接手を下すことはない。かといって、まわりをけしかけてリベンジするのは陰湿であり、やればうしろめたい気持ちになる。

ならばどうするのか。「あの人の悪事はお天道様が見ている。そのうち罰が下るだろう」

と考えて、**復讐を何か大きなものに任せる**のだ。任せる相手は、神様のような霊的な存在でもいいし、自然や宇宙の法則、あるいは社会や世間といったものでもいい。いずれにしても圧倒的な力を持つものに裁きを託す。

そうすると、実際に罰が下ったかのような状況になることがある。

一例を挙げよう。私は昔から伯父の一家が苦手だった。伯父は旧制中学卒ながら一流企業に勤め、そのことを自慢していた。妻は名家の出身で、義理の弟である私の父や、その妻である母のことを見下していた。母はそのせいでコンプレックスを抱き、のちに私を苦しめるようになる（母と私の関係については後述する）。

私にとって、伯父一家は間接的な加害者で、会えばいつも不快な思いをさせられていた。いつか仕返しをしたいが、もう関わること自体が嫌だ。そう考えて放っておいたら、伯父一家に次々に不幸が訪れた。伯父は長患いで苦しんだ末に亡くなり、その妻は認知症を患って見る影もなくなってしまった。伯父一家の息子、つまり私のいとこは、伯父と同じ名門企業に勤めたが、その企業が凋落《ちょうらく》して将来も安泰というわけにはいかなくなり、早期退職でリタイアしてしまった。

正直、胸がすく思いである。私の闇の部分を明かすようで恥ずかしいが、これが本音である。

いくつか注釈を付け加えておこう。伯父一家が私の両親に行った嫌がらせと、いま現在の凋落ぶりに、科学的な因果関係はない。科学者の目から見れば、ただの偶然にすぎない。また、そもそも病死や認知症が何かの罰だという考え方も危険であり、一般化するつもりはない。たとえばいま認知症にかかっている人は、過去に何か悪いことをしたから認知症になったわけではない。その点ははっきりさせておきたい。

ただ、自分の心のもやもやを整理する方法として、「この世は因果応報で、何か悪いことをしたら別の形で跳ね返ってくる」という考え方をすることは有効だ。心のなかでそのように処理することで、報復したいという気持ちが抑えられて、平和裏に物事を進められる。

本当に因果応報が起きるかどうかは、この際、どうでもいい。ムカつく上司がいたら「どうせあの人は出世しない」、暴言を吐いてくる客がいたら「この人は別のところでトラブルを起こして、そのうち刺されるかもしれない」などと考えて、自分の怒りを鎮《しず》めればいい。「～だったらいいのに」という願望かもしれないが、そのように思い込むことで被害者意識を抑えるのである。

適度な運動が怒りを鎮めてくれる

突発的に湧いてくる怒りを抑え込む一方で、普段から怒りとうまくつきあうことも重要だ。ストレスの多い生活をしていると、日々、怒りが蓄積されていく。怒りをため込んだままにしていると、些細なトラブルで怒りが臨界点を超えて、被害者意識が暴れ出してしまう。そうならないように、日常的に怒りの総量をコントロールする必要がある。

ひらたく言えば、**ストレスはなるべく早めに発散し、怒りを空っぽの状態にしておく**ということだ。

ストレス発散にいいのは運動だ。体を動かしている間は嫌なことを考えないで済むし、汗と一緒にネガティブな感情が流れ出していくような、自己イメージを持つこともできる。

怒りに由来する破壊的な衝動も、思い切りボールを蹴ったりサンドバッグを叩いたりすることで発散できるだろう。できればしっかり汗をかきたいところだが、難しいなら散歩などの軽い運動でもかまわない。

怒りとは少しずれるが、心と体には密接な関係がある。たとえばうつ病は「心のかぜ」と呼ばれるが、心だけでなく体もエネルギーがなくなっていて、体を動かすことが億劫《おっくう》になる。

そのことを利用して治療することもある。まず朝しっかりと起きて朝日を浴びる。そして10～30分でいいから外を歩く。最初はそれすらできない人が多いが、少しずつでも体を動かせるようになると、心のほうも元気が出てくる。そうやってうつ病から抜け出すのだ。

普段、デスクワーク中心で体をほとんど動かさない人は、駅から自宅まで遠回りして歩くなどして、少しでも運動不足を解消しよう。体が不健康だと、心もそれにつられやすい。普段から体のキレをよくしておくことが、怒りにとらわれない状態をキープすることにつながる。

〝一日一怒〟で怒りを小出しにする

怒りを溜め込まないようにするために、いっそ無理をせずに怒ってしまう手もある。

詩人で劇作家の寺山修司は、**〝一日一怒〟**を提唱した。怒りは排せつ物のようなもので、出さなければ体内に溜まっていく一方だ。だから毎日トイレに行くのと同様に毎日1回は怒りを表出して、怒りの便秘状態から脱しようというわけだ。

前提として、まず自分が聖人君子ではないことを認めるべきだ。自分は心が狭くて、人並みに腹を立てることもある。そのことを認めないと、「怒ることはいけないことだ」という考えにとらわれて、怒りを表に出せなくなってしまう。自分は怒りを完全にコントロールできるわけではない凡人だと開き直ることで、カジュアルに怒れるようになる。

ただし、怒り方には気を配る必要がある。怒りを小出しにするといっても、四六時中不機嫌な人とは、誰もつきあいたくない。怒りを小出しにするのは、怒りを暴発させて周囲に迷惑をかける事態を防ぐため。小出しにするやり方を間違えて周囲と軋轢《あつれき》が生じれば、本末転倒である。

具体的には、人に向けて怒りを発散してはいけない。たとえば職場で感じた怒りを家庭に持ち込み、配偶者や子に当たり散らすようなことをすると、家庭の崩壊につながる。また、飲食店などのスタッフをストレスのはけ口にするのもよくない。思わぬトラブルに発展しかねないし、何より人として真っ当ではない。

人に向けて怒りを出せないなら、何に向けてやればいいのか。

簡単なのは、**モノを相手にすること**である。もちろん公共のものを壊すという意味ではない。運動のところでも書いたが、ムカつく相手の顔を思い浮かべながらサンドバッグを殴れば、だいぶすっきりするのではないだろうか。

野蛮なことは嫌いだというなら、**日記を書くこと**をおすすめする。今日感じた怒りをストレートに日記に書くのだ。自分しか読まない前提なので、腹の立つ相手の悪口を書いてもかまわない。むしろ面と向かっては言えない内容をここぞとばかりに吐き出そう。遠慮なく罵詈雑言を書くことで、心が軽くなるはずだ。

日記を書くのは、やはり夜がいい。いったん吐き出してしまえば、その後、気持ちよく眠れる。イライラしたままベッドに入るより健全だ。

注意したいのは、**悪口をSNSに書き込まない**ことだ。

SNSに人の悪口を書けば、日記に悪口を書くのと同じようにすっきりするかもしれない。しかし、問題はその後である。匿名のつもりでも、状況から自分や相手の身元がバレるおそれがある。また、身元がバレなくても、過激な内容だと炎上につながるリスクもある。

インターネットの世界でネガティブな発言をすると、類は友を呼ぶで、ネガティブなエネルギーに溢れた人が集まってくる。一緒になって悪口を言ってくれるならまだいいが、「大人げない」「悪いのはあなたのほう」などとレスがついたら目も当てられない。すっきりしたくて書いたのに、これではかえって疲弊するだけだ。

怒りを文字にして表現するなら、クローズドの世界だけでやったほうがいい。LINEなどで特定の相手とだけ愚痴をやりとりする方法もあるが、流出するリスクはゼロではない。くれぐれも気をつけよう。

怒りを前向きの力に変える！

衝動的な怒りはひとまず収まったが、怒りの原因となった根本的な問題は依然として解決しておらず、心のなかでネガティブな感情が沸々と煮えたぎっているケースもあるだろう。

その場合は、怒りの量をコントロールするより、怒りのエネルギーを方向転換させるように舵《かじ》を切ってはどうだろうか。

たとえば学歴コンプレックスのある人が、ネガティブな感情をバネにして事業を起こして成功するという、成り上がりのストーリーを聞いたことがある方は多いはずだ。それと同じように、**強い被害者意識をプラスの方向に向かうエネルギーに変える**のである。

ここで私と母の話をしたい。私は母のせいで人生を狂わされた被害者だと、ある時期まで思っていた。長年そのことで苦しんできたが、母に復讐したいというネガティブな感情を原動力にして、かつて抱いていた夢をいま実現している。私がどのような心境の変化を体験したのかを赤裸々に語れば、怒りの感情にとらわれている人の参考になるのではないかと思う。

私は広島の出身で、私の父も母も広島育ちだ。母は幼いころに実母を亡くして継母に育てられたが、成績は優秀で、県外の一流国立大学も狙えるほどだった。ところが継母が学費を出すことを渋り、結局、地元の広島大学に進学せざるを得なかった。

広島大学も十分にいい大学だ。ただ、高校のころ成績が自分より下だった同級生が大阪大学医学部とお茶の水女子大学に進学したことが母の心にひっかかっていたようだ。

一方、私は文学少女で、将来は作家か新聞記者になりたいと夢を見ていた。大学の希望学部は当然、文学部だ。

ところが母は私の進路を勝手に決めてしまった。大阪大学の医学部以外は行かせないというのだ。高校生だった私は、「そのほうがあなたのためよ」と言う母に何も言い返せなかった。あきらめきれない思いを抱えたまま、私はあわてて理系の勉強に力を入れて、母の願い通り大阪大学の医学部に進学した。

私には3歳離れた妹がいるが、彼女もまた母の希望で、お茶の水女子大学に進学した。私には大阪大学医学部をすすめておいて、妹にはなぜお茶の水女子大学だったのか。当時はとくに疑問に思わなかったが、あるとき母が「高校時代、自分より成績が悪かった級友が、大阪大学医学部とお茶の水女子大学に進学したことが悔しかった」と漏らすのを聞いてすべてを悟った。母は県外の大学に行かせてもらえなかったことに怒りを感じていて、子どもたちをそれぞれ大阪大学医学部とお茶の水女子大学に進ませることで、継母や級友たちに復讐を果たそうとしたのだ。

母が復讐したかった相手はもう1つあった。私の祖母と伯父の家族、つまり母から見れば義母と義兄家族だ。祖父母と私たちは同居していて、母はことあるごとに祖母にいびられていた。また、たまにやってくる伯父の妻は自らの出自を鼻にかけて、母のことを見下していた。母の自己不全感（「自分はダメだ」という思い）は、夫の親族とのつきあいのなかでさらに強くなったように私には見えた。

じつは私のいとこは、二浪したにもかかわらず、結局医学部受験に失敗している。私が医学部に合格すれば、祖母と伯父の妻の鼻を明かすことができる。それも私に医学部受験をさせた理由の1つだった。

母は私に「医学部をすすめたのは、あなたの将来を思ってのこと」と言っていた。しかし、本当は自己不全感を払拭《ふっしょく》することが目的だった。そんなことのために私は夢をあきらめさせられたのだ。

こんどは私が被害者意識を募らせる番だった。自分が母のエゴの犠牲者だと気づいてから、母娘関係は悪化した。面と向かって拒絶はしないが、母の言葉に裏があると疑うようになり、母のコントロールから逃れるために少しずつ距離を取るようになった。母は私に「地元に帰って開業すれば」とすすめたが、それも断った。それまで親の言うことを拒否したことは一度もなかったから、母はさぞかし面食らっただろう。

そのころの私は被害者意識の塊だった。あのまま怒りを抱えながら鬱々と生きていたら、さぞつらい人生になっていたと思う。

風向きが変わったのは、医者の道で大きな挫折を経験してからだった。この経験のことはまた別の機会に詳しく書きたいが、いずれにしても私はあらためて自分の人生を生きようと思って、京都大学大学院の人間・環境学研究科で学び直した。

そこから順風満帆にいったわけでもない。学者として生きていきたかったが、名門大学でポストを得るのは難しい。そこで大学で教鞭をとりつつ、一般書を書き始めた。ありがたいことに、しだいに本が売れるようになり、精神科医や大学教授としての仕事より、むしろ文筆業が忙しくなってきた。子どものころ抱いていた「作家になりたい」という夢は、紆余曲折を経て叶ったのである。

この間、被害者意識がなくなっていたわけではない。自分のなかに怒りの感情があることはつねに意識してきた。ただ、怒りのエネルギーは母に直接向かわず、研究や執筆に向けられた。母の操り人形ではないことを示すために、何としてでもそちらで結果を出そうと燃えていた。

これは形を変えた母への復讐である。私は発刊された本をまとめて母に送っている。「私は自分の人生を生きている」ということを見せつけるためだが、いまでもそれを続けているのだから、自分でも相当に執念深い女だと思う。

ただ、この復讐は誰にも迷惑をかけていない。母は娘が自分の支配を離れたことを感じ取って寂しいかもしれないが、子どもが巣立つのはあたりまえのことであり、いままでおかしかったものを正常に戻しただけのことだ。

　私の本が多くの方に読まれることで、社会にも何らかの貢献ができたという自負もある。私を衝《つ》き動かしていたのはネガティブな感情だが、そのエネルギーを利用して自分の人生と社会を多少なりともプラスの方向に向けることができたのだ。

　被害者感情を完全に消し去ることは難しい。しかし、それならば怒りのエネルギーが向かう先を変えてみればいい。加害者に直接復讐したり、置き換えでより弱い相手に怒りをぶつけたりするのではなく、前に進んでいくための燃料にする。そうすれば怒りの連鎖が断ち切られ、自分もまた救われるのではないだろうか。

第7章

他人を裁きたがる人たち

なぜ、第三者に怒りをぶつけるのか

これまで、最近、巷に目立ち始めた〝被害者ぶる人〟にスポットライトを当て、その類型や対処法について述べてきた。

〝被害者ぶる人〟とは、必ずしも被害者ではないのに、被害を受けたとウソをついたり、受けた被害を過度に強調したりして、誰かを攻撃するような人のことである。

ただ、この定義にぴったり当てはまるわけではないものの、〝被害者ぶる人〟とほぼ同じ扱いで分析してきた人たちがいる。自分が被害を受けたと感じたとき、その怒りを、置き換えによって「まったく関係のない第三者」にぶつける人たちである。

彼らが怒りの置き換えでターゲットにする対象は、2つある。

1つは、身近にいる〝自分より立場の弱い人〟たち。たとえば、上司から叱られたときに自分の部下に八つ当たりするとか、外で受けてきたストレスを家庭に帰ってから子どもにぶつける、というのが典型である。

もう1つのターゲットは、テレビやネットのニュースなどで見かける事件の〝加害者側にいる人〟たちである。自分がその事件に直接関わっているわけではないのに、〝本当の被害者〟に肩入れし、代わりに加害者を告発・糾弾《きゅうだん》して、罰を与えようとする。

イメージしやすいのは、不祥事を起こした人物や企業をバッシングする人たちである。彼らは「正義」という武器を手にしているうえ、事件とは無関係なので明らかな非がない。そのため、相手から反撃されるリスクは小さい。気分は、まるで裁判官。その意味で、後者のタイプを本書では〝他人を裁きたがる人〟と呼ぶことにしよう。

〝他人を裁きたがる人〟たちは、けっして「自分たちは被害者だ」とは言わない。〝被害者ぶる人〟の定義が「自分が受けた被害をねつ造・粉飾して主張する人」だとすると、〝他人を裁きたがる人〟は〝被害者ぶる人〟とは一線を画す存在である。

しかし、実際は強い被害者意識を持っていて、被害者意識に伴う怒りや欲求不満を晴らすために別の誰かを裁いて溜飲を下げようとする。怒りを向ける対象が異なるが、病根はどちらも同じである。

根っこにあるものは同じなので、同一人物がある場面では〝被害者ぶる人〟になり、また別の場面では〝他人を裁きたがる人〟になることも珍しくない。

〝被害者ぶる人〟と〝他人を裁きたがる人〟を集合の円で表すと、おそらく2つの集合はかなりの部分が重なっているはずだ。つまり、2つの集合に共に属する「共通部分」の要素が多いわけである。

両者は一卵性の双子のようなものだ。だから嬉々として〝他人を裁きたがる人〟がいれば、その人はちょっとしたきっかけで〝被害者ぶる人〟になりうる。

もし、自分には他人を裁きたがる一面があると自覚しているなら、〝被害者ぶる人〟にならないように自らを律する必要がある。いまのところ被害者のふりをしてまわりに迷惑をかけていなくても、〝他人を裁きたがる人〟は、いずれそうなる危険性のある要注意人物なのだ。

そこでこの章では、〝他人を裁きたがる人〟について、さらに踏み込んで分析を加える。まわりや自分のなかにある「他人を裁きたがる気持ち」の正体を見極めてもらいたい。

〝他人を裁きたがる人〟は、その目的によって3つのタイプに分類できる。

①欲求不満型
②羨望《せんぼう》型
③承認欲求型

さっそく1つずつ見ていこう。

叩けるなら相手は誰でもいい「欲求不満型」

〝他人を裁きたがる人〟は強い被害者意識を持っていると先に述べた。では、なぜ強い被害者意識を持つのか。

それは自分を過大評価しているからである。〝他人を裁きたがる人〟は〝被害者ぶる人〟と同様に、自己愛が強い。自己愛が強い人は、自分を過大評価する傾向にある。だが、周囲はたいてい、ありのままの事実を客観的に見て、その人のことを評価する。それゆえ、本人と周囲との評価にギャップが生まれる。

〝被害者ぶる人〟は、そのギャップを埋めるために、「正当に評価されないのは、誰かの陰謀《いんぼう》のせいだ」「正当に評価しないまわりが悪い」などと自分の被害を訴える。

一方、〝他人を裁きたがる人〟は、被害を訴えこそしないが、内心では同じように被害者意識を募らせていて、正当に評価されないことに欲求不満や怒りを感じている。

その鬱憤《うっぷん》を晴らすために、関係のない人を裁きたがるのが「欲求不満型」だ。欲求不満型は鬱憤晴らしが目的なので、ターゲットにとくにこだわりはない場合が多い。叩けるなら相手は誰でもよくて、叩く理由もほとんど後付けである。

たとえば、ネットで誰かが炎上していたら、深く考えることなく脊髄《せきずい》反射的にバッシングに参加する。ネットには、センセーショナルなタイトルをつけて本文は見出しほど過激ではない釣り記事が数多く存在するが、欲求不満型はタイトル詐欺の記事に見事にひっかかり、本文を読まずに罵詈雑言を投げつける。炎上の元になった問題に関心があるのではなく、とにかく誰かを叩けたらそれでいいのだ。

元の問題に関心があるのではなく、叩いてすっきりするのが目的であることは、元横綱の日馬富士氏の記者会見を見てもよくわかった。日馬富士氏は暴行事件を起こしたことを謝罪して、角界からの引退を表明した。その後も日本相撲協会と貴乃花親方のバトルは続いたが、日馬富士氏自身の社会的責任は、あの会見でケリがついたはずだ。

ところが一部の視聴者は許さなかった。会見のときの日馬富士氏の態度が悪いといって、さらにバッシングを続けた。

被害の程度や謝罪する際の誠意の見せ方にもよるが、普通は謝罪をしたら水に流すのが社会一般のルールだ。また、謝罪して非があることを認めたら、次はどうやって責任を取るのかという問題に焦点が移るはずである。

日馬富士氏の場合は引退という形で責任を取った。もしまだ議論する問題があるとしたら、「引退」が責任の取り方として妥当だったのか、ということくらいだろう。

しかし、〝他人を裁きたがる人〟たちにとって、それらの問題はどうでもいいことだったようだ。日馬富士氏の謝罪も、むしろバッシングの正当性を示す証拠として受け止められた。「あいつは悪いことをしたと自分で認めた。だから、もっと叩いていい」と、バッシングを加速させた。

このように欲求不満型は、とにかく人を叩き続ける。一時的には人を叩くことで欲求不満を解消できるかもしれないが、すっきりした状態は長く続かない。根本にあるのは自分のなかにある被害者意識なので、被害者意識の原因になった問題を解決しないかぎり、また同じように不満が募ってくる。

かくして欲求不満型は、自分が叩きやすい相手を求めて、今日もワイドショーを見たりインターネット空間を漂ったりするのである。

弱みがある人は、格好のターゲットになる

じつは私も炎上を経験したことがある。

みなさんは、2013年に犯人が逮捕されたPC遠隔操作事件を覚えているだろうか。犯人がウイルスを使って遠隔操作で他人のPCから犯罪予告を行い、PCの持ち主たちが警察に誤認逮捕されてしまった事件である。犯人は江の島の地域猫に首輪をつけたと自ら明かし、そのことがきっかけで逮捕された。のちに威力業務妨害などの罪で有罪判決を受けている。

当時、私は新聞の連載コラムに、こう書いた。

「容疑者の男が逮捕された。容疑を否認しており、真相は捜査の進展を待たねばならないが、モテなさそうというのが第一印象である。(中略)もちろん、モテないから反社会的行為に走るというのはあまりにも短絡的な発想だ。だが、モテるか、モテないかは、とくに男性にとって、『レゾン・デートル(存在価値)』に関わる一大事のようである。」

このコラムが、まるで「モテないから犯罪を犯した」と主張しているように読者から受け取られて、ネットを中心にバッシングの嵐を受けたのだ。

私に非モテの人を貶《おとし》めるつもりはなかった。何を隠そう、私自身も非モテである。私は非モテ男性に親近感を覚えており、むしろ世の非モテ男性たちにエールを送っていることは、コラムをきちんと読んでもらえばわかってもらえると考えていた。

しかし、真意は伝わらなかった。ネットで記事が拡散すると、3〜4日間、誹謗中傷のメールやツイートが殺到した。

純粋に私を諫《いさ》める内容だったなら、まだ耐えられたかもしれない。しかし、批判メールやツイートの多くは「ブサイクなおまえが言うな」「50過ぎのババア」というように、私の主張ではなく容姿を攻撃したものだった。当該コラムは連載第23回目だったので、画面には「片田珠美（23）」と表示されていたが、それを見て「顔面偏差値23のくせにw」と書いてきた人もいた。私はうつ状態になり、1週間ほど立ち直れなかった。

コラムで主張した内容については、いまでも正しいと考えている。しかし、いくら犯罪者とはいえ、特定の個人を「モテなさそう」と評したことは軽率だった。実際、批判メールやツイートで自らの容姿に言及されて、私も深く傷ついた。同じことを主張するのでも、何か他の書き方があったはずで、その点は反省している。

ただ、一方で、なぜ当事者ではない人がこれほどまでに私を責めるのかという疑問もあった。もちろん、なかには非モテという自覚があり、あのコラムによって自分が貶められたと感じた人もいただろう。

しかし、批判メールやツイートの多さを考えると、おそらく非モテではない人も数多く炎上に参加していたはずだ。それらの人が当事者たちと一緒になって私を叩いたのは、この問題と関係のないところで欲求不満になっていたからではないか。

人の容姿を悪く言ったことについては全面的に私に非があり、素直に反省するしかない。そういった弱みを持つ相手は、欲求不満の人にとって格好のターゲットだ。その構図に私もとらわれてしまった。あのような経験はもうこりごりである。

劣等感をこじらせた「羨望型」

〝他人を裁きたがる人〟には、「羨望」から正義を振りかざす人も多い。

真っ先に思い浮かぶのは、不倫した芸能人や政治家へのバッシングである。たとえば、先述したタレントのベッキー氏や、本人は不倫だとは認めていないが疑惑が報じられた今井絵理子参議院議員、山尾志桜里衆議院議員も徹底的に叩かれた。これらの女性に共通しているのは、みんな美人であること。そして不倫相手とされる男性もイケメンであることだ。

とくに私も羨望を感じたのは、山尾志桜里議員だ。彼女は40代で、お相手は9歳年下の弁護士である。私を含めて、世のおばさま方は「できるなら自分だって年下のイケメンとつきあいたい」と感じたことだろう。

ポイントは、もし世のおばさま方が「不倫をしてもいい」と自分に許可を出したとしても、実際にできるかどうかはわからない、という点だ。フランスの精神科医、F・ルロールとC・アンドレは『感情力』(高野優訳　紀伊國屋書店)で次のように述べている。

「比較によって、自分のほうが劣っていることが明らかになり、しかもその差が容易に埋まらないことがはっきりしている場合、羨望が生まれるのである」

「相手の持っているものが自分にとってそれほど大切でなければ、自己評価が傷つくことはなく、羨望も感じない」

つまり、自分には叶えたい願望があるが、能力や環境の問題で難しいという状況で、似た願いを別の人が実現させているのを見て劣等感を感じ、羨望の感情が生まれるわけだ。

たとえば、議員の不倫相手が自分でも簡単に落とせそうな平凡な男性だったら、羨望は感じない。また、自分自身のパートナーに心から満足していて、他の男性との恋愛にまったく関心がない場合も、羨望は生まれてこない。

叩く人は「不倫は悪」と声高に叫ぶが、本当はただのやっかみである。フランスの名門貴族、ラ・ロシュフコーは「羨望というのは、他人の幸福が我慢できない怒りなのだ」と書いたが、まさしくその通りである。


おもしろいのは、自分と相手との間に埋めがたい差があっても、その差が絶望的なくらいに開いていたら、羨望の感情すら起きないことだろう。

たとえば、俳優の豊原功補氏との不倫関係を公表した小泉今日子氏には、バッシングらしいバッシングが起きなかった。バレる前に自分から公表したことが大きいかもしれないが、世間に「あの人は別格」という感覚があったこともたしかだ。

また、俳優の渡辺謙氏も、不倫がバレたものの、大きなバッシングを受けることなく、しれっと大河ドラマ『西郷どん』に出演している。〝世界のワタナベ〟に世間は甘かった。

対照的なのは、不倫騒動の結果、大河ドラマを降板させられた斉藤由貴氏だ。もちろん、彼女も美人である。ただ、一時期はふくよかになっていて、いまのような〝美魔女〟の艶っぽさはなかった。一般人から見たら、天上界の人というより、まだ手が届きそうな気がするレベルの美女だったろう。圧倒的な差のある相手ではないからこそ、一般人の私たちは羨望を抱くのだ。

お金持ちに対する羨望も同じだ。アラブの石油王や、世界一の富豪である米アマゾン・ドット・コムのジェフ・ベゾスがどのようなお金の使い方をしても、人々は別世界のおとぎ話を聞いているかのように受け止めるだろう。しかし、日本のベンチャー経営者が会社を上場させて一躍お金持ちになると、引きずり下ろしたくてたまらなくなる。

自分と相手の差が小さすぎれば羨望の感情は湧いてこないし、逆に次元が違うほど差が開きすぎていても羨望から相手を叩くことはない。

絶妙な開き具合が、やっかみを生むのである。

手に届きづらい相手に羨望し、身近な人に嫉妬する

羨望とよく混同される感情に「嫉妬」がある。先ほど指摘したように、羨望とは他人の

幸福を我慢できない怒りである。対象となる人が幸福から転落して不幸になれば、たとえ自分の状況が何も変わらなくても満足する。つまり羨望は、自分の利得を目的とした感情ではない。

一方、嫉妬は、自分の大切なものを失うかもしれないという不安から生じる。たとえば職場で頭角を現してきた後輩がいたとしよう。このままでは追い抜かれて、いまの自分のポジションを奪われるかもしれない。こうしたシチュエーションで後輩に対して抱く感情が、嫉妬である。

あるいは、自分の彼氏が他の女性と親しげに話している場面を想像するとわかりやすいだろう。このとき感じるのは、羨望ではなく嫉妬である。嫉妬は羨望と違って、すでに手にしているものや、将来得るだろうものへの執着から生まれる感情だ。

羨望と嫉妬は、対象との関係も異なる。羨望の対象になる人は、自分の身のまわりにいるとは限らない。むしろ、自分とは直接関係のない世界の住人であることも少なくない。

一方、嫉妬の対象になるのは、自分と関わりのある利害関係者だ。比較的小さな社会のなかで、相手が不幸になれば自分が得をする、という関係のときに嫉妬が生まれやすい。

どちらも、肥大化すると我が身を滅ぼしかねない厄介な感情であり、暴走しないようにコントロールすることが大切だ。

厄介な羨望は、こうするとやわらぐ

それでは、羨望や嫉妬が湧き上がってきたら、どうすればいいのか。

大切なのは、自分がそれらの感情を抱いていると気づくことだ。

世間では、羨望や嫉妬は恥ずかしい感情とされている。そのため、自分のなかにそれらの感情が湧いてきても、否認して気づかないフリをすることが多い。たとえば、羨望や嫉妬から人を叩いているのに、自分では「世直し」のつもりでいたりする。

こうして羨望や嫉妬を別のもので覆い隠していたら、手の打ちようがない。自分が羨望や嫉妬を抱いていると認めるからこそ、対処できる。

まずは「自分が相手の不幸を願っているかどうか」を自問自答してみよう。相手が不幸になる姿を想像すると気持ちがすっきりするなら、羨望を抱いている可能性が高い。

自分のなかに羨望があったら、思考を「他責型」から「自責型」に切り替えたい。

F・ルロールとC・アンドレは、羨望を3つに分類した。

①賛嘆の混じった羨望
②抑うつ的羨望
③敵意のこもった羨望

「賛嘆の混じった羨望」は、他人を羨ましく思い、苦悩して競争意識を燃やしながらも、自分もそうなりたいと努力する人、つまり自己責任型の人が抱くタイプの羨望である。この羨望は自己研鑽《けんさん》につながるので、むしろ、いい羨望といえる。

一方、「抑うつ的羨望」は他人の幸福を目の当たりにして自己嫌悪に陥るタイプの羨望だ。ひどくなると自分の運命を呪い、落ち込んで何をする気もなくなる。他人に害はないものの、自己成長もない。

さらによくないのは「敵意のこもった羨望」だ。このタイプの羨望を抱く人は、自らの力で自分自身の幸福度を変えるのが難しい状況にあることが多い。自分では変えられないので、他人が不幸になって自分と同じところまで落ちてくることを願う。〝他人を裁きたがる人〟になるのは、まさしくこの、敵意のこもった羨望タイプだ。

自分と相手に差がある状況でも、その原因を自分に求めるのか、それとも外に求めるのかによって、羨望の質は変わってくる。他責的傾向が強くなると「敵意のこもった羨望」になり、他人を呪うようになる。これでは誰も幸せになれない。

自分と相手に差があるときは、まず、この状況を生んだのは自分だと考えるべきだ。そして、とても埋めがたい大きな差が開いていても、コツコツと努力をすればいつか差を縮められると信じることが大切だ。このように、思考を自責型へと切り替えれば、「賛嘆の混じった羨望」タイプに変わり、プラスのエネルギーとして燃やせるようになる。

自分のなかにある感情が「嫉妬」だった場合も、同様である。嫉妬のおもな原因は、「喪失不安」。嫉妬を感じていることを自覚できたら、けっして失いたくない大切なものも見えてくるだろう。それがわかれば、大切なものを維持するために自分ができることに焦点を当てる。そして、自分にできることを1つずつ地道にやっていく。

最初は、ライバルを蹴落としたほうが、大切なものを手っ取り早く守れるような気がするかもしれない。しかし、ライバルを蹴落としても、また新たなライバルが現れるのがオチだ。長い目で見れば、他人を追い落とすより自分が成長して大切なものを守れるようにしたほうが得策である。そのことに気づいて地道に努力を続ければ、やがて大切なものを守れる自信がついて、嫉妬もやわらぐだろう。

居場所を求める「承認欲求型」

〝他人を裁きたがる人〟のうち、自分の承認欲求を満たすために第三者を攻撃するのが「承認欲求型」である。

典型的なのは、「いいね」をもらうために炎上に参加して過激なことを書き込む人たちだ。彼らはみんなと一緒になって誰かを裁くことで居場所を得て安心する。

承認欲求型は、承認欲求が満たされていないという点で、欲求不満型に近い。ただ、欲求不満型のようにストレス発散で人を叩くわけではない。欲求不満型は、仮に誰も自分を見ていないとしても、自分が攻撃した相手がダメージを受ければ、それで気持ちが晴れる。

一方、承認欲求型は「人に認めてもらうこと」が目的なので、観客がいないところでは人を攻撃しない。また、自己顕示欲が強いので、ネットに書き込むときはまったくの匿名ではなく、ペンネームなどを使って自分の存在を周囲に知らしめようとする。

つまり、自分の視線を〝裁く相手〟に向けているのが欲求不満型、〝観衆〟に向けているのが承認欲求型と言える。

SNSの普及によって、近年は承認欲求が人一倍強い〝他人を裁きたがる人〟が増えている。ただし、だからといってSNSを犯人扱いするのは見当違いだ。問題は、リアルの場で承認欲求を満たせなくなっていることだ。リアルの場で居場所を失いがちなので、インターネット空間で自分の存在を認めてもらおうとするわけである。

私が顧問医として関わっている某企業では、仕事が激減したためリストラを検討するようになった。仕事がなければ、そこで成果を残して自分の存在をアピールすることもできない。

アパレルメーカーに勤める知人は、「昔はファッションで自己主張したものだが、20年前と比べていまは服が売れなくなった」と嘆いていた。

いまの若者だって、お金があればファッションで自己主張するだろう。しかし、可処分所得が少ないため、リーズナブルなファストファッションに身を包むしかない。それでは承認欲求が満たされないので、インスタ映えするスポットに出かけて写真を撮り、アップして「いいね」をもらおうとする。

承認欲求型であろうと何であろうと、攻撃的な書き込みで人を誹謗中傷するのは許されることではない。しかし、彼らが承認欲求を膨らませることになった時代背景を考えると、同情の余地があるのかもしれない。

多数派の傍観者が、同調圧力を生む

ネットで炎上事件をときおり見かけるが、自分はただ見ているだけだから関係ない——。そのように考えている人は多いが、傍観者にも罪がないわけではない。

承認欲求型で他人を裁こうとする人は、場を支配している「空気」を読み、みんなの期待に応えようとして過激な書き込みをする。その場には、ただ見ているだけという傍観者も含まれている。直接煽《あお》らなくても、無関係ではない。

第4章で紹介した田中氏と山口氏の調査では、インターネットユーザーのうち、過去に一度でも炎上に参加した経験がある人は1・1%、過去1年に参加経験があり現役でもある参加者はわずか0・4%にすぎなかった。つまり、ほとんどの人は見ているだけの傍観者である。

実際に炎上に参加する人も、みんながみんな執拗《しつよう》に書き込むわけではない。先にも紹介したが、別の調査によると、ヘビーな参加者（過去1年、11件以上の炎上事件に参加して、1件当たり最高で50回以上書き込んだ人）は、4万人中、7人しかいなかった。炎上参加者も、その多くはリツイートをしたり「いいね」を押したりして、感想をひと言書き添える程度のライトな参加者だ。

ライトな参加者は、自分は誹謗中傷を直接書いたわけではないので責任がないと考えているだろう。しかし、ヘビーな参加者のうち、承認欲求型の人はリツイートや「いいね」の数が伸びることを期待して過激な書き込みをしている。

では、具体的なアクションを一切起こしていない傍観者はどうか。

森田洋司大阪市立大学名誉教授は、著書『いじめとは何か』（中公新書）のなかで、いじめは、「加害者」と「被害者」だけでなく、煽り立てる「観衆」と見て見ぬふりをする「傍観者」の4つの層で成り立っている、と解説している。そして、詳細な調査にもとづいて、いじめがもっとも激しいのは、傍観者の割合が多いときであることを明らかにした。

傍観者は、一見すると無関係なようでいて、「この人はいじめられても仕方がない」という場の空気をつくり出すことに加担するわけだ。

これはネット空間でも変わらないだろう。一番悪いのは自分の承認欲求を満たすために他人を叩く人だが、傍観者にも責任の一端がないわけではない。

もちろん、ひとくちに傍観者と言っても、温度差はある。なかには、本当は叩かれている被害者を擁護したいが、なんとなく憚《はばか》られて黙っている人もいるに違いない。集団のなかで主流派や多数派が流れをつくると、以降は「同調圧力」が生まれて、反対意見を言いにくい空気が出来上がる。もし、その空気のなかで被害者を擁護すれば、自分もバッシングされかねないと恐れて口をつぐむのである。

いまや日本は「空気」に支配されている

こうした同調圧力が生まれるのは、日本を支配しているのが「社会」ではなく「世間」だからだろう。社会とは、明治時代に西洋から輸入された概念である。そのはるか以前から、日本人は、世間のなかで生きてきた。

では、世間とは何か。歴史学者の阿部謹也氏いわく、世間とは「実質的な裏の人間関係」

(『「世間」への旅―西洋中世から日本社会へ』筑摩書房)である。

世間を構成するのは同じメンバーシップを持った人で、とても閉鎖的かつ排他的だ。もし主流派や多数派に逆らえば、メンバーシップを剥奪されるおそれがある。その恐怖があるからこそ、暗黙のルールが構成員に同調圧力としてのしかかる。

ただ、この世間もいまや崩れかけていて、暗黙のルールでさえ曖昧《あいまい》になりつつある。かつては世間のなかならいつどこででも通用した暗黙のルールが、いまはその場の空気によって変わったりする。

劇作家の鴻上尚史氏は、「『世間』が流動化したものが『空気』」(『「空気」と「世間」』講談社現代新書)と指摘したが、じつに鋭い分析だと思う。

ネット空間に漂っているのも、空気である。傍観者は空気を読んで口をつぐみ、承認欲求を持った人もまた、空気を読んで過激なバッシングをする。まるでみんなが空気に操られているかのようだ。

場の空気に個人が抗うのは容易ではない。しかし、少なくとも「いま自分はこういう空気のなかにいる」と認識することが大切ではないだろうか。状況を客観的に見ることが、傍観者から抜け出す第一歩になるはずだ。

おわりに

いまの日本には〝被害者ぶる人〟が溢れている。彼らは罪のない人を加害者に仕立てあげてダメージを与えようとする。被害者面《づら》をしているものの、実際の加害者は彼らのほう。できることなら関わり合いを持たないほうが、我が身のためだ。

本書では〝被害者ぶる人〟の特徴や、彼らから身を守る方法などを紹介してきたが、最後にあらためて強調しておきたいことがある。

〝被害者ぶる人〟たちを生み出す、自己責任社会の功罪についてだ。

私は、個人が自己責任で頑張る姿を美しいと感じている。自分の人生を自分で引き受ける覚悟があるからこそ、人は努力を続けられる。自分の人生を他人に委ねてしまったら、人の成長はおそらく止まってしまうだろう。

ただ、個人が自己責任で頑張ることと、社会が個人に自己責任を押しつけることとは別だ。小泉内閣以降、日本は自己責任を問う社会へと急速に変容してきた。以前は国家や企業、家庭や地域といったコミュニティが責任の一端を担ってサポートしてくれたが、「稼げないのはあなたのせい」「思うように生きられないのは努力が足りないから」と言って弱者を切り捨てるようになった。

かつては自己責任という言葉に、夢や希望が含まれていたように思う。しかし、いま自己責任という概念は、人を容赦なく切り捨てるための道具として使われている。もはやその言葉からは、冷酷なイメージしか浮かばない。

誰だって「失敗はあなた自身のせい」と責められるのはつらい。自己責任を過剰に要求する風潮が強まるにつれ、人々はプレッシャーに晒されてびくびくと生きるようになった。個人が自己責任を覚悟して努力するのは尊いが、社会がそれを押しつけると、人々の目から輝きが失われてしまう。

〝被害者ぶる人〟が目立つようになったのも、自己責任社会と無関係ではない。自己責任が過剰に問われると、それに耐えられない人は、自分を守るためにかえって他責的になっていく。

自分の人生がうまくいかないのは自分のせいではなく、他の誰かのせい——。

そうやって自己責任を軽減することによって、自分自身を慰め、心のバランスを保とうとするのである。

〝被害者ぶる人〟は厄介な存在だが、彼らを糾弾《きゅうだん》するだけで状況が改善するわけではない。大切なのは、現実にいる〝被害者ぶる人〟たちから身を守りつつ、彼らを生み出す構造、つまり過剰な自己責任社会にメスを入れること。

本書がその一助になれば、著者としてそれ以上の喜びはない。

2018年4月

片田珠美

青春新書 INTELLIGENCE

こころ涌き立つ「知」の冒険

いまを生きる

“青春新書”は昭和三一年に——若い日に常にあなたの心の友として、その糧となり実になる多様な知恵が、生きる指標として勇気と力になり、すぐに役立つ——をモットーに創刊された。

そして昭和三八年、新しい時代の気運の中で、新書“プレイブックス”にその役目のバトンを渡した。「人生を自由自在に活動《プレイ》する」のキャッチコピーのもと——すべてのうっ積を吹きとばし、自由闊達な活動力を培養し、勇気と自信を生み出す最も楽しいシリーズ——となった。

いまや、私たちはバブル経済崩壊後の混沌とした価値観のただ中にいる。その価値観は常に未曾有の変貌を見せ、社会は少子高齢化し、地球規模の環境問題等は解決の兆しを見せない。私たちはあらゆる不安と懐疑に対峙している。

本シリーズ“青春新書インテリジェンス”はまさに、この時代の欲求によってプレイブックスから分化・刊行された。それは即ち、「心の中に自らの青春の輝きを失わない旺盛な知力、活力への欲求」に他ならない。応えるべきキャッチコピーは「こころ涌き立つ“知”の冒険」である。

予測のつかない時代にあって、一人ひとりの足元を照らし出すシリーズでありたいと願う。青春出版社は本年創業五〇周年を迎えた。これはひとえに長年に亘る多くの読者の熱いご支持の賜物である。社員一同深く感謝し、より一層世の中に希望と勇気の明るい光を放つ書籍を出版すべく、鋭意志すものである。

平成一七年　　刊行者　小澤源太郎

著者紹介

片田珠美〈かただ たまみ〉

広島県生まれ。精神科医。大阪大学医学部卒業。京都大学大学院人間・環境学研究科博士課程修了。人間・環境学博士(京都大学)。フランス政府給費留学生としてパリ第8大学精神分析学部でラカン派の精神分析を学ぶ。DEA(専門研究課程修了証書)取得。精神科医として臨床に携わり、臨床経験にもとづいて、犯罪心理や心の病の構造を分析。社会問題にも目を向け、社会の根底に潜む構造的な問題を精神分析的視点から研究。『他人を攻撃せずにはいられない人』(PHP新書)、『高学歴モンスター』(小学館新書)など著書多数。

被害者《ひがいしゃ》のふりを
せずにはいられない人《ひと》

青春新書
INTELLIGENCE

2018年5月15日　第1刷

著者　片《かた》田《だ》珠《たま》美《み》

発行者　小澤源太郎

責任編集　株式会社プライム涌光

電話　編集部　03(3203)2850

発行所　東京都新宿区若松町12番1号
〒162-0056
株式会社青春出版社

電話　営業部　03(3207)1916　振替番号　00190-7-98602

印刷・中央精版印刷　製本・ナショナル製本

ISBN978-4-413-04540-7